童汝勞———

著

中華美學選萃 上冊

代序
P R E F A C E
高度濃縮了的美學精華
——解讀童汝勞先生的《中華美學選萃》

　　今年七十八歲的童汝勞先生，是一位非常勤奮好學、善於思考的學者和美學家。他歷時十年之久，博覽群書，精心研讀，集一生學養，編撰成這本《中華美學選萃》，全書一百零五篇，約三十萬字。這本專著所解讀評介的「美學之珠」，可謂是精華中的精華。這部具有開拓性的學術佳作，既是一本相對通俗、能夠普及的美學讀物，又是一本可以提高、擴展審美視野的好教材。書中的每一篇章均短小精鍊，主題突出，闡述清晰，能夠讓讀者用最短的時間，從深廣的美學海洋之中，抓獲那些最精闢、最重要、最具代表性的美學觀點和命題，故而凡是熱愛美學、研究文藝的人不可不閱讀此書。

　　這本書的內容、範圍非常廣泛，它不僅涉及了美和美感的一般範疇和理論，而且還涵蓋了文學、藝術的諸多門類，如詩、文、詞、賦、小說、書法、繪畫、音樂、舞蹈、戲劇、園林建築等等領域。在時間跨度上，它上起先秦下至清末，跨越兩千年。全書分先秦、兩漢、魏晉、隋唐、宋元、明清六個時期。每個時期又分若干專題。每個專題既能獨立成篇，單獨鑒賞，又可聯繫起來，縱觀一個系統的脈絡概貌。

相較於李澤厚、劉剛紀、敏澤、葉朗等著名美學家系統的美學專著（《中國美學史》、《中國美學思想史》、《中國美學史大綱》），《中華美學選萃》的獨特之處，在於它能夠將中國古代各個歷史時期中最精闢、最重要、最具代表性的美學命題、觀點選輯出來，作一番深入淺出而又條理清晰的介紹和評述，從而填補了中國美學研究史上的一個空白。

在「普及」與「提高」這對矛盾關係中，這本書更著重美學思想、美學理論的普及工作。書中那一篇篇短小精悍、清晰流暢的文字，將深奧化作淺顯，讓朦朧變得清晰，就像中國美學長河中被串起的珠串，光彩照人。對時間寶貴的現代人來說，這本書便是一本最精粹的、高度濃縮了的中國古代美學大觀。想用最少的時間瞭解和通曉中華美學思想的概貌，就請讀一讀這本書吧。這是一座通向美學王國最便捷而寬廣的橋樑，也是打開美學殿堂之門的一把鑰匙。

我們知道，每個時代的審美意識，常常總是集中表現在每個時代的大思想家、藝術家的美學思想之中，而這些大思想家、藝術家的美學思想，「又往往凝聚、結晶為若干美學範疇和美學命題」（葉朗《中國美學史大綱》，上海人民出版社，1985 年，頁 4）。所以，對這些最精闢、最具代表性的美學範疇和美學命題，做出通俗而又確切的評介，讓更多的讀者瞭解和掌握，並應用這些美學命題和美學範疇，實在是建設社會主義的中華民族美學體系的歷史使命和基礎工作。沒有普及就沒有提高，提高的目的也是為了普及，只有深入和廣泛的普及才能為提高奠定堅實的基礎。當然，我們講的這種普及是在「提高」

指導下的普及。童汝勞先生在這方面的確做了一項很有實際意義的工作。通過他的《中華美學選萃》，讀者不僅可以看到中國美學史上永恆的閃光點，還可以瞭解到各個歷史時期美學理論發展和演變的脈絡。從「點」到「面」，又從「面」到「點」，這確實是研究中國古代美學思想的一條必由之路。

值得指出的是，這本書既有很強的學術性和鑒賞性，又有豐富的知識性和資料性，是一本對深入研究中國美學思想極具實用性和普及性的工具書。該書對眾多深奧艱澀的古代文言文，均作了相對通俗的解說和注釋，因而既可以為專家、學者們所參考，更可以為廣大文化工作者、大學生和美學愛好者所學習。特別是對古文知識欠缺的讀者來講，這是一本極好的自修讀物，通過它既可提高古文的知識，又可學到精粹的中華美學思想，真是一舉兩得的好事。

中華民族的傳統文化，博大精深，源遠流長，取之不盡，用之不竭。其基礎和內核，是在儒、道、釋三家思想的相互碰撞而又相互補充、融合的格局中形成的。而中華民族的美學思想，又是中華民族傳統文化的一個重要組成部分，要研究和瞭解博大精深的中華傳統文化，就不能脫離中華民族的美學思想；而要研究中華民族的美學思想，又不可脫離中華民族傳統文化的大背景。這是一條毋庸置疑的客觀規律。這本書評介了中國古代美學中的精粹，實際上就是弘揚了中華民族的傳統文化。可以講，這是一本瞭解博大精深的中華文化的好教材和參考書。認真地讀一讀這本書，對於增強民族自豪感、自信心，培養愛國主義情懷，都是大有裨益的。

舉例來說：這本書所評介的中華美學的「選萃」之中，就有在世界上最早，影響很大的以「和」為美的審美理念（史伯的「和實生物」、「聲一無聽」）；有中國歷史上第一個系統的美育理論（孔子的「興於《詩》，立於禮，成於樂」）；有先秦時期最富民主精神的審美觀（孟子的「與民同樂」）；有美學史上率先運用辯證法來觀察美、醜的審美理念（老子的「美惡相依」）；有第一個最樸素的美在勞動實踐的審美觀（《淮南子》的「清醴之美，始於耒耜」）；有美術史上最古老的繪畫理論（王孫滿的「鑄鼎象物」）；有最初的舞蹈功能說（《呂氏春秋・古樂》的「陶唐氏為舞，葛天氏之樂」）；有最具中國特色的崇高觀（先秦時期的「大者，壯也」）。而且，還有中國美學史上，第一個旗幟鮮明的文化發展觀（王充的「文有真偽，無有故新」）；第一篇最富美學思想的書論（崔瑗的《草書勢》）；最概括、最具綱領性的畫論（張璪的「外師造化，中得心源」）；最早、最具特色的美真統一論（莊子的「法天貴真」）；最富形象思維的創作論（陸機的「籠天地於形內，挫萬物於筆端」）；系統、完整的藝術想像論（劉勰的「《神思》之思」）；極具人民性的現實主義詩論（白居易的「文章合為時而著，歌詩合為事而作」）；最具表現特徵的畫論（倪瓚的「逸筆草草」、「寫胸中逸氣」）；極具綱領性的園林建築理論（計成的「因借體宜，園宛天開」）；最具總結形態的情景論（王夫之的「景以情合，情以景生」）。如此等等，限於篇幅，我就不一一羅列了。可以毫不誇張地說，童汝勞先生在中國古代美學的研究上，獨闢蹊徑，深挖出了一口「甜水井」。多從我們祖先留下的遺產中挖掘「精華」，再進行認真的比較思考，「古為今用」，這或許正是今天繼承和發揚光大傳統文化的要義所在。

童汝勞先生曾在多種刊物上發表過文學評論、美學論文。凡是讀過他文章的人，無不讚賞他治學之嚴謹，探索之精深，和文字功底之深厚。他不是名家，但他並不以此妄自菲薄，雖然年近八旬，卻仍然鍥而不捨，嘔心瀝血，為傳播我中華美學而奮力拼搏，這體現了一位有社會責任感的知識分子的擔當，在當今這樣一個許多人汲汲於名利的時代，他的這種精神，這種做法，實在難得，令人敬佩！

2011 年 7 月 1 日寫於石家莊

李維世

（作者為著名美術評論家；河北師範大學美術學院教授、碩士生導師、學術帶頭人；中華全國美學學會會員，河北省美學學會理事；河北省美協學術委員會副主任，河北省美術理論研究會會長；中國藝術家交流協會終身名譽主席）

目錄
CONTENTS

代　　序 · 高度濃縮了的美學精華
　　　　——解讀童汝勞先生的《中華美學選萃》　　　　　　/ 001

先秦時期
第 一 篇 · 上下、內外、小大、遠近皆無害焉，故曰美
　　　　——中國歷史上最明確為美下的第一個定義　　　　/ 002

第 二 篇 · 「和實生物」、「聲一無聽」
　　　　——中國美學史上最早的以和為美的審美理念　　　/ 005

第 三 篇 · 「聽和則聰」、「心億則樂」
　　　　——先秦時期極具開創性的美感生理基礎論　　　　/ 010

第 四 篇 · 鑄鼎象物
　　　　——中國美術史上原始的、具有真幻統一特點的畫論

　　　　　　　　　　　　　　　　　　　　　　　　　　/ 015

第 五 篇 · 九功之德皆可歌
　　　　——中華民族傳統以德為美觀念的發端　　　　　　/ 018

第 六 篇 · 季札觀樂
　　——孔子之前以「中和之美」對周樂所作的最長、最全面
　　　的音樂評論　　　　　　　　　　　　　　　　　／ 023

第 七 篇 · 和如羹焉
　　——先秦時期極形象極精鍊的和為美論　　　　　　／ 027

第 八 篇 · 詩言志
　　——中國歷代詩論「開山的綱領」　　　　　　　　／ 031

第 九 篇 ·「陶唐氏為舞」、「葛天氏之樂」
　　——中國上古時期舞蹈功能說之濫觴　　　　　　　／ 035

第 十 篇 · 效山林、溪谷之音以歌
　　——中國見之於文字記載的最早的樂論　　　　　　／ 038

第十一篇 · 遇合無常
　　——先秦美學中最樸素、生動的審美差異說　　　　／ 042

第十二篇・道之為物，惟恍惟惚
　　——中國美學史上最早的朦朧美論　　　　　／ 046

第十三篇・道法自然
　　——中國美學史上最早、最概括的以自然為美的審美理念
　　　　　　　　　　　　　　　　　　　　　　／ 050

第十四篇・滌除玄鑒
　　——中國美學史上審美心理虛靜說最早的源頭　／ 054

第十五篇・美惡相依
　　——中國美學史上率先應用辯證觀點來觀察美醜的審美理
　　念　　　　　　　　　　　　　　　　　　　／ 059

第十六篇・知者樂水，仁者樂山
　　——中國美學史上最早、影響最大的以物比德的審美觀
　　　　　　　　　　　　　　　　　　　　　　／ 062

第十七篇．「文質彬彬」與「盡善」、「盡美」
　　　　──先秦時期獨特的、極具開創意義的美善統一的審美觀
　　　　　　　　　　　　　　　　　　　　　　　　　／ 065

第十八篇．興於《詩》，立於禮，成於樂
　　　　──中國美學史上第一個系統的美育理論　　　／ 069

第十九篇．「興」、「觀」、「群」、「怨」
　　　　──先秦時期精闢全面的詩歌藝術功能說　　　／ 073

第 二十 篇．思無邪
　　　　──先秦時期最精鍊、最寬泛的審美標準和文藝綱領
　　　　　　　　　　　　　　　　　　　　　　　　　／ 076

第二十一篇．德有所長而形有所忘
　　　　──先秦時期怪奇的、非中和的審美觀　　　　／ 083

第二十二篇．法天貴真
　　　　──中國美學史上最早涉及規律與自然關係的美真統一
　　　　論　　　　　　　　　　　　　　　　　　　　／ 087

第二十三篇・「心齋」、「坐忘」

    ——先秦時期很典型、很具體的審美心理虛靜說　　/ 092

第二十四篇・「目無全牛」、「躊躇滿志」

    ——先秦美學中罕見的、最接近近代美學的一種審美體

    驗　　　　　　　　　　　　　　　　　　　　　　/ 096

第二十五篇・與民同樂

    ——先秦時期極富民主精神的審美觀　　　　　　　/ 099

第二十六篇・「浩然之氣」與「大丈夫」

    ——先秦時期最具代表性的人格美論　　　　　　　/ 104

第二十七篇・「以意逆志」、「知人論世」

    ——先秦時期獨特的、最新穎的藝術批評方法論　　/ 108

第二十八篇・存乎人者，莫良於眸子

    ——中國歷史上最早見之於文字記載的「心靈之窗說」

    　　　　　　　　　　　　　　　　　　　　　　　/ 112

第二十九篇‧「善」、「信」、「美」、「大」、「聖」、「神」
　　　　──中國美學史上關於美的形態層次最早的劃分和界說

　　　　　　　　　　　　　　　　　　　　　　　　　　　／ 115

第 三十 篇‧樂者，所以道樂
　　　　──先秦時期獨具一格的藝術社會功能說　　　　／ 119

第三十一篇‧化性起偽以成美
　　　　──先秦美學中最富唯物主義特徵的審美觀　　　／ 124

第三十二篇‧心有徵知，必緣天官
　　　　──先秦時期具體、客觀的心物關係說　　　　　／ 127

第三十三篇‧虛一而靜
　　　　──先秦時期最具辯證思想的審美心理虛靜說　　／ 130

第三十四篇‧大者，壯也
　　　　──先秦時期最具代表性的崇高觀　　　　　　　／ 134

第三十五篇・立象以盡意
　　　——中國美學史上第一次明確提出的意象關係說　　/ 140

第三十六篇・「陽剛」與「陰柔」
　　　——中國美學史上最初關於「壯美」與「優美」的區分
　　　及其關係說　　　　　　　　　　　　　　　　/ 145

第三十七篇・音由心生，物感心動
　　　——先秦美學中關於音樂藝術的本質規律的物感說

　　　　　　　　　　　　　　　　　　　　　　　　/ 150

第三十八篇・畫犬馬難，畫鬼魅易
　　　——先秦美學中最早的藝術與現實的關係論　　/ 154

兩漢時期
第三十九篇・文以舒憤
　　　——中國美學史上第一個反常的、非中和的審美觀

　　　　　　　　　　　　　　　　　　　　　　　　/ 160

第 四十 篇·清醯之美，始於未耜
　　　　——兩漢時期樸素的美在勞動實踐的審美觀　　／165

第四十一篇·「神制則形從」與「君形者」
　　　　——兩漢時期最具代表性的形神關係論　　／171

第四十二篇·秦楚燕魏之歌異轉而皆樂
　　　　——兩漢時期關於美的多樣性、客觀性的全面論述
　　　　　　　　　　　　　　　　　　　　　　／176

第四十三篇·合綦組以成文，列錦繡而為質
　　　　——中國美學史上最早關於藝術創作及其形式美的賦論
　　　　　　　　　　　　　　　　　　　　　　／181

第四十四篇·言為心聲，書為心畫
　　　　——兩漢時期最概括的「文如其人」說　　／187

第四十五篇·夫水者，君子比德焉
　　　　——兩漢時期典型的、最具代表性的「比德」說　／191

第四十六篇・文有真偽，無有故新

　　　——中國美學史上第一個旗幟鮮明的文化藝術標準說和

　　　發展觀　　　　　　　　　　　　　　　　　　/ 195

第四十七篇・《草書勢》

　　　——中國歷史上第一篇最富美學思想的書論　　　/ 200

魏晉時期

第四十八篇・夫文，本同而末異

　　　——中國美學史上嶄新的、涉及作家與作品關係的文體

　　　論　　　　　　　　　　　　　　　　　　　　/ 206

第四十九篇・得意忘象

　　　——魏晉時期最具時代特色、玄意很濃的審美觀　/ 210

第五十篇・籠天地於形內，挫萬物於筆端

　　　——魏晉時期傑出的最富形象思維的創作論　　　/ 215

第五十一篇 · 精騖八極，心遊萬仞

　　——魏晉美學中第一個最獨特的藝術想像論　　/ 219

第五十二篇 · 傳神寫照

　　——魏晉美學中第一個完整的極具系統性的人物畫論

　　　　　　　　　　　　　　　　　　　　　　　/ 222

第五十三篇 · 「澄懷味象」與「類之成巧」

　　——魏晉美學中第一篇最具道家理想色彩的山水畫論

　　　　　　　　　　　　　　　　　　　　　　　/ 228

第五十四篇 · 圖繪六法

　　——魏晉書畫美學中文字記載最早最系統的畫論　/ 233

第五十五篇 · 「意在筆前」與「字字意殊」

　　——魏晉書畫美學中突出的、最具代表性的意筆論

　　　　　　　　　　　　　　　　　　　　　　　/ 238

第五十六篇 · 聲無哀樂

　　——魏晉美學中獨特的、最具挑戰性的音樂理論　/ 243

第五十七篇 · 《神思》之思
　　——魏晉美學中充分的、極具創造性的藝術想像論

　　　　　　　　　　　　　　　　　　　　　　　/ 248

第五十八篇 · 「隱秀」之辯
　　——魏晉美學中精闢的、最具時代特點的意象說　/ 252

第五十九篇 · 《文心》之「情」
　　——魏晉美學中一往情深的情感論　　　　　　　/ 256

第六十篇 · 《體性》之「體」
　　——魏晉美學中最具代表性的風格和作家關係專論

　　　　　　　　　　　　　　　　　　　　　　　/ 261

第六十一篇 · 以品論詩
　　——中國美學史上百代詩話之濫觴　　　　　　　/ 266

第六十二篇 · 以「味」論詩
　　——魏晉美學中很深刻、很豐富的詩歌鑒賞標準——
　　「滋味說」　　　　　　　　　　　　　　　　　/ 271

隋唐時期

第六十三篇‧漢魏風骨，風雅興寄

　　──唐代詩歌革新運動中卓立千古的詩歌標準　　/ 276

第六十四篇‧肇自然之性，成造化之功

　　──隋唐美學中最富禪宗理念的水墨山水畫論　　/ 280

第六十五篇‧詩有三境

　　──中國美學史上最早的意境說　　/ 285

第六十六篇‧戲為六絕句

　　──隋唐美學中第一個最具審美特徵的詩論　　/ 290

第六十七篇‧不平則鳴

　　──隋唐美學中極具現實性、挑戰性的創作觀　　/ 295

第六十八篇‧文章合為時而著，歌詩合為事而作

　　──唐代詩歌美學中最具人民性的現實主義詩論　　/ 299

第六十九篇‧「韻外之致」、「味外之旨」

　　──隋唐美學中概括的、極具總結性的韻味說　　/ 304

第 七 十 篇・「象外之象」與「思與境偕」
　　　──唐代美學中最具概括性的關於詩歌意境的創作論和
　　　審美觀　　　　　　　　　　　　　　　　　　　/ 308

第七十一篇・外師造化，中得心源
　　　──唐代書畫美學中概括的、具有綱領性的畫論　/ 313

第七十二篇・神、妙、能
　　　──中國書學史上最早、影響很大的書藝品鑒標準

　　　　　　　　　　　　　　　　　　　　　　　　/ 318

第七十三篇・論畫六法
　　　──隋唐美學中一種很有創意的繪畫創作方法論和審美
　　　觀　　　　　　　　　　　　　　　　　　　　/ 323

第七十四篇・「畫盡意在」與「筆不周而意周」
　　　──唐代書畫美學中極具中國特色的含蓄美論　/ 327

第七十五篇・畫者，畫也，度物象而取其真
　　　──唐五代書畫美學中精闢的、極具創造性的美真統一
　　　論　　　　　　　　　　　　　　　　　　　　/ 331

宋元時期

第七十六篇・**窮而後工**

    ——宋元時期關於社會生活與文學創作關係的「古今絕
       調」　　　　　　　　　　　　　　　　　　　　/ 336

第七十七篇・**身即山川而取之**

    ——宋元美學中最全面、具體的關於山水畫的創作論和
       審美觀　　　　　　　　　　　　　　　　　　/ 341

第七十八篇・**以平淡為美**

    ——宋元時期極廣泛、極具時代特徵的審美理念　/ 347

第七十九篇・**成竹在胸**

    ——宋元書畫美學中最具普遍意義的創作方法論　/ 352

第 八十 篇・**詩中有畫，畫中有詩**

    ——宋元美學中詩畫藝術結合論之濫觴　　　　　/ 356

第八十一篇・**有餘意之謂韻**

    ——宋代美學中最突出、最廣闊的審美標準　　　/ 361

第八十二篇‧詞別是一家

　　——宋元美學中最先把詞從詩中分離出來的文體論

　　　　　　　　　　　　　　　　　　　　　　　　/ 365

第八十三篇‧以禪喻詩

　　——宋元時期一種極具直覺特徵的詩學理念　　/ 370

第八十四篇‧哀樂之真，發乎情性

　　——金元時期最具時代特徵的真美觀　　　　　/ 375

第八十五篇‧「逸筆草草」與「寫胸中逸氣」

　　——宋元書畫美學中最具表現特徵的繪畫理念　/ 380

明清時期

第八十六篇‧吾師心，心師目，目師華山

　　——明清書畫美學中極其辯證的師從觀　　　　/ 388

第八十七篇‧詩貴意象

　　——明代詩歌美學中最廣泛、最深入的本體論和審美觀

　　　　　　　　　　　　　　　　　　　　　　　　/ 393

第八十八篇‧童心說
　　——明清美學中最具挑戰性的反傳統的審美理念 / 398

第八十九篇‧容本《水滸》評點
　　——明清美學中新興的、最具代表性的小說創作論
　　　　　　　　　　　　　　　　　　　　　　　　　　　/ 404

第 九十 篇‧因情成夢，因夢成戲
　　——明清美學中典型的、最具時代特徵的主情論和戲曲
　　　觀　　　　　　　　　　　　　　　　　　　　　　/ 410

第九十一篇‧世道既變，文亦因之
　　——明清美學中最鮮明最有力的文學發展觀　　　/ 416

第九十二篇‧曲之本色，在能入眾
　　——明清戲曲美學中具有代表性、總結性的本色論　　/
　　422

第九十三篇‧十年格物，一朝物格
　　——明清小說美學中典型的典型人物創作論　　　/ 427

第九十四篇・至情至理，人各有當
　　──明清小說美學中精闢的、具有突破性的人物性格創
　　作論　　　　　　　　　　　　　　　　　　　　　/ 432

第九十五篇・因借體宜，園宛天開
　　──明清時期經典的、最具綱領性的園林美論　　/ 437

第九十六篇・填詞之設，專為登場
　　──明清美學中系統的、最具舞臺藝術特點的戲劇創作
　　論　　　　　　　　　　　　　　　　　　　　　　/ 443

第九十七篇・景以情合，情以景生
　　──明清美學中最突出、最具總結形態的情景論　/ 449

第九十八篇・即景會心，因景因情
　　──明清美學中獨樹一幟的關於詩歌創作的現量說
　　　　　　　　　　　　　　　　　　　　　　　　　/ 456

第九十九篇・驚而快之，樂而玩之
　　──明清美學中非常具體、生動的關於壯美和優美的美
　　感心理論　　　　　　　　　　　　　　　　　　　/ 462

第 一百 篇·「理、事、情」合「才、膽、識、力」
　　　　──明清美學中最概括的、帶根本性的詩歌藝術本源說
　　　　和創作論　　　　　　　　　　　　　　　　　／468

第一百零一篇·相續相禪，因時遞變
　　　　──明清美學中突出的、最具進化論色彩的文學發展
　　　　觀　　　　　　　　　　　　　　　　　　　　／474

第一百零二篇·我之為我，自有我在
　　　　──明清美學中極具個性特徵的繪畫創作論　　／480

第一百零三篇·從胸有成竹到胸無成竹
　　　　──明清書畫美學中最新最具普遍意義的創作論
　　　　　　　　　　　　　　　　　　　　　　　　／486

第一百零四篇·「物一無文」與「物無一則無文」
　　　　──明清美學中最富辯證思維的審美方法論　　／490

第一百零五篇·境界，本也
　　　　──明清美學中最系統、最具總結形態的境界說　／
　　　　496

後記 / 503

附錄

大者，壯也

——試論先秦美學中的崇高 / 506

先秦時期

上下、內外、小大、遠近皆無害焉，故曰美
——中國歷史上最明確為美下的第一個定義

　　《國語·楚語上》[1]有這麼一段伍舉和楚靈王的談話，這是見之於古籍中國記載最早的有關美和美感的爭論。這一爭論是在公元前六世紀，當楚王的章臺之宮建成後發生的。

　　「靈王為章華之臺[2]，與伍舉升焉[3]，曰：『臺美夫？』對曰：『臣聞國君服寵以為美[4]，安民以為樂，聽德以為聰[5]，致遠以為明[6]。不聞其以土木之崇高、彤鏤為美[7]，而以金石匏竹之昌大、囂庶為樂[8]；不

1　《國語》：是一部國別體的史學著作。相傳是春秋時期魯國史官左丘明所編撰。全書共二十一卷。記述了春秋時期及春秋以前的一些歷史事蹟和一些人物的言論。其中有部分關於審美、藝術的資料很有價值。如公元前774年周太史史伯在回答鄭桓公問「周其弊乎？」時，所提出的「和實生物，同則不繼」、「聲一無聽，物一無文」的說法，就是一種具有歷史意義的開創性的觀點，在中國美學乃至世界美學史上都是最早提出的，影響最大的以「和」為美的審美理念。其它如伍舉與楚靈王論章華臺之美時為美下的第一個定義，以及單穆公、伶州鳩在反對周景王鑄「無射」、「大林」時，所強調的「聽和則聰」、「心億則樂」的美感生理基礎論。這些看法、言論都直接影響了先秦諸子美學思想的發展，是十分難能可貴的審美經驗。其歷史意義和現實意義，皆不可低估。
2　靈王：楚恭王之次子，名圍。既立，改名熊虔。
3　伍舉：一作椒舉，春秋時楚國人。伍參之子。楚大夫。伍員（即伍子胥）之祖父，伍奢之父。因避禍奔鄭、晉。賴蔡聲子於令尹子木處薦賢，始得返楚復仕。楚靈王三年（前538），出使晉，請諸侯與楚會盟。盟已，誡靈王慎終勿驕，他亦因功著稱於楚。
4　服寵以為美：謂賢德受到尊崇，以此為美。
5　聽德：聽用有德之言也。
6　致遠：謂以賢德懷來遠方之人。
7　彤：丹，朱紅色，指塗飾丹漆。鏤：雕刻，指雕鏤圖紋。
8　而：連詞，和，及。金：鐘類。匏：笙類。竹：簫管類。昌大：繁盛。囂庶：嘩眾。

聞其以觀大、視侈、淫色以為明，而以察清濁[9]為聰。……夫美也者，上下、內外、小大、遠近皆無害焉，故曰美。若於目觀則美，縮[10]於財用則匱，是聚民利以自封而瘠民也，胡美之為[11]？夫君國者，將民之與處；民實瘠矣，君安得肥？且夫私欲弘侈，則德義鮮少；德義不行，則邇者騷離而遠者距違[12]。天子之貴也，唯其以公侯為官正，而以伯子男為師旅[13]。其有美名也，唯其施令德於遠近，而小大安之也。若斂民利以成其私欲，使民蒿[14]焉忘其安樂，而有遠心[15]，其為惡也甚矣，安用目觀？…… 』」

　　伍舉在對話中，一開始便亮明瞭自己的觀點。一方面他高度讚賞「服寵以為美，安民以為樂，……」的為政之道。另一方面他又斷然否定以聲、色感官享樂為美的各種傳聞，甚至連崇高華麗的章華臺，他也認為不能以之為美。那麼什麼才美呢？接著他便為美下了一個定義。意思是說國君治國，能使上下、內外、小大、遠近都各得其所，相安無事，國家太平，君主又能以賢德懷來遠方之人，這就叫美。反之，如果為了私欲——即聲色之美而大興土木，濫用民財民力，以致引起人民的反對，那便無美可言了。這是見之於文字記載最早關於美的明確的定義。

　　當然，伍舉之所以要為美下這個定義，其本意是想用它來近一步論證他所謂的「服寵」、「安民」、「聽德」、「致遠」的理念，是對統

9　清濁：指清音、濁音。
10　縮：取。
11　胡美之為：何以為美。
12　邇：近，指國內。騷離：騷亂叛離之意。遠：指鄰國。距：通「拒」，抗拒。
13　為師旅：率領軍隊。
14　蒿：消耗。
15　遠心：叛離之心。

治者政治上的一種要求。而且這段談話，通篇都是談德的內容，故人們不難從中看出，所謂的「無害」，其實就是善，也可以說在他看來，善就是美，美亦即善，二者是密不可分的。然而他這個定義要求「上下、內外、小大、遠近皆無害」，即要求這四種對立關係處理得當，達到一種協調的狀態，才叫美。可見其指導思想又是先秦時期人們所言的「和」，實質上它也是一種以「和」為美的見解。

所以伍舉的這個定義，既體現了早期審美認識發展階段上美善同義的特點，同時又反映了周人在總結了殷亡的教訓之後，特別重視保民，要求上下諧和，並把反對國君對私欲（即聲色之美）的追求提到了突出地位的一種願望。這是很難得，很有積極意義的。而且他突出「德義」在為政中的重要性，強調以「德義」為美的觀點，對後世都有著極其深遠的影響，這也是應當予以肯定的。

此外，我們還看到，伍舉在其談話中，除了反覆強調美就是善的這一說法之外，他還兩次提到「目觀」（「若於目觀則美」，「安用目觀」）。這就是說，以視覺形式的一定屬性為美，或以能引起視覺感官愉悅的文飾為美的說法，在伍舉那個時候已經出現了。雖然，在伍舉的談話當中，「目觀」之美是以被否定的狀態出現的，但它的意義和影響卻不可忽視。因為它標誌著古代美善同義的審美結構的瓦解，且預示著美善獨立的審美認識的即將到來。這是伍舉論美，為美下的第一個定義，給後世帶來的又一可喜的信息。

「和實生物」、「聲一無聽」
——中國美學史上最早的以和為美的審美理念

　　《國語・鄭語》記載，在公元前 774 年（即周幽王八年）「桓公為司徒」時，周太史史伯[1]在回答鄭桓公問：「周其弊乎？」（周朝將要衰敗嗎？）的談話中，便講到了如下精闢的見解。他說：

　　「夫和實生物[2]，同則不[3]繼。以他平他謂之和[4]，故能豐長而物歸之。若以同裨同[5]，盡乃棄矣。故先王以土與金木水火雜[6]，以成百物。是以和五味以調口，剛[7]四支以衛體，和六律以聰耳[8]，正七體以

1　史伯：西周末期思想家，生卒年代不可考。周王朝太史伯陽父，亦稱史伯。西周太史，掌管起草文告、策命諸侯、記錄史事、編寫史書，監管國家典籍、天文曆法等，為朝廷重臣。是老子、孔子之前二百多年一位偉大的思想家，不為常人所知，但在中國思想史、哲學史上佔有重要位置，故學者在系統的專著中無不提及。史伯提出了「和實生物，同則不繼」的命題，並第一次區別了「和」與「同」的概念。史伯的思想帶有樸素唯物主義和樸素辯證法因素。

2　和實生物：和，不同的事物的結合或相調和。實，助詞無義。句意謂把雜多相異的事物綜合統一起來，才能產生新的事物。

3　同則不繼：同，指同類事物的相加重合。繼，續、生。句意謂把同類或單一的事物加到一起，再多也是不能產生新事物的。

4　平：治、調和之意。

5　裨：益、增加。

6　雜：合、結合。

7　剛：強也。支：同肢。

8　六律：黃鐘、太蔟、姑洗、蕤賓、夷則、無射，六陽聲為六律。六陰聲則為六呂。

役心[9]，平八索以成人[10]，建九紀以立純德[11]，合十數以訓百體[12]。出千品[13]，具萬方[14]，計億事[15]，材兆物[16]，收經入[17]，行 極[18]。故王者居九 之田[19]，收經入以食兆民，周訓而能用之[20]，和樂如一。夫如是，和之至也[21]。於是乎先王聘後於異姓，求財於有方，擇臣取諫工而講以多物[22]，務和同也[23]。聲一無聽[24]，物一無文[25]，味一無果[26]，物一不講[27]。王將棄是類也而與剸同[28]。天奪之明，欲無弊，得乎[29]？」

這裏很明顯史伯是在講周朝何以將要衰敗的原因，其中心意思是「務和同」，即務必要取和而去同之義。但在他的談話中卻涉及美和美感，提出了以「和」為美這一重大的美學命題。因為在史伯看來，「和實生物，同則不繼」是世界的普遍原則。而所謂的「和」，是指不同的事物的協調統一，即所謂的「以他平他」的意思。用現在的話

<hr />

9　七體：七竅，指眼、耳、口、鼻七孔。役心：養心。

10　平：治，引申為適應。八索：指八卦所象徵的天、地、水、火、雷、山、風、澤。以成人：以此養人。

11　建：立。九紀：九功，即六府三事之功。六府指水、火、金、木、土、谷。三事：指正身之德、利民之用、厚民之生。

12　十數：指十等。即王、公、大夫、士、皂、輿、隸、僚、僕、臺十種等級關係。訓：訓導。百體：百官各有體屬故稱百體。

13　出：出產。千品：形容物品極多。

14　具：具備。萬方：猶四面八方，形容方面甚廣。

15　計：計算。億事：形容事情極繁極多。

16　材：同裁，裁斷。兆：古代下數以十億為兆，中數以萬億為兆，上數以萬萬億為兆。

17　經：常也。

18　姟：古代最大的數，萬萬兆為姟。

19　九畡：古代天子所管的九州之地。中央與八方之地加在一塊，故稱九。

20　周：忠信。訓：教育。

21　至：極也。

22　工：宮。講：猶考論，校。

23　務和同：因承上言而省略，意謂務必取和而去同。

24　聲一無聽：單一的聲音是沒有人聽的。此處意謂五聲和諧才能悅耳。

25　物一無文：單一的物是沒有文采的，意謂五色雜，然後生出文采。

26　味一無果：果，美也。單一的味是沒有美的，謂五味調和才甘美。

27　物一無講：謂眾物齊，才可考究。

28　是類：指「和」。剸：通專，專一也。

29　得手：辦得到嗎？

來說，就是要把多樣相異的事物綜合統一起來，才能「生物」（產生新的事物）。如果把相同的東西加到一起，即「以同裨同」的話，那麼，什麼新的事物都無從產生，也就「盡乃棄矣」。

為了證明上述觀點的正確性，史伯從物質生產、經濟、政治、道德等等方面舉出了很多的例子（從「土與金木水火雜，以成百物」一直到「計億事、材兆物、行 極」等），來論說「務和同」（即務必取和而去同）的道理。並且他還根據五行學說的原理，提出了「聲一無聽，物一無文」的看法，說明任何單一的聲、色的加減，永遠不能產生美和美感。所以只有「和六律以聰耳」，把高低、快慢、長短、清濁不同的各種聲音統一協調起來，才能產生動聽的音樂，才能使耳聽了感到愉悅。這就明確地談到了美（藝術）的存在和發展的一條重要的規律——美只能存在於事物的多樣性的統一之中，而這種多樣性的統一，就叫做「和」（也就是後世的《易傳》所言「物相雜，故曰文」的意思）。所以說史伯在公元前八世紀就提出的「和實生物」、「聲一無聽」這一以「和」為美的思想（或者叫審美理念）在歷史上是具有開創性的，其意義和影響都極其深遠。

例如，公元前 522 年（即周景王二十三年）「王將鑄無射，而為之大林」時，卿士單穆公提出的對於鐘聲、人耳要「察和」、「知和」、「聽和」的說法；樂官伶州鳩對周景王所說的：「政象樂，樂從和，和從平」、「樂和則諧，政和則平也」（《國語周語下》）；以及昭公二十一年晏嬰在答齊侯問「和與同異乎？」時，所講的「和如羹焉」；甚至還有襄公二十九年吳季札觀周樂；《論語·八佾》篇中孔子對《關雎》的評論，諸如此類體現中和之美的思想和言論等等。所

有這些，雖然各自的詳略有別，側重不同，然而他們都無不受到史伯以「和」為美思想的影響，都深深地打上了史伯之「和」的烙印。由此可見，由史伯最早提出的「和」之為美的這一審美理念，在春秋時代，事實上已得到了廣泛的認同和高度的贊許。

當然，大家知道史伯所說的「和」與單穆公、晏嬰等人所言之「和」，也還是有區別的。因為前者言「和」說的是「和」與「同」的對立，突出統一，反對單一；而後者言「和」雖然也談到統一，但強調的卻是「和」與「不和」的對立。再者，前者談「和」時，只籠統地講要把雜多導致統一（即所謂不同的事物「相雜」），而未涉及到對立事物轉化的「度」與「中」，而後者談「和」時，則把對立因素納入了統一的範疇，並且突出了　對立事物的轉化要「持中而不過度」，「中」成了「和」的主要內核。

所以有人講，從史伯言「和」到晏嬰言「和」是一個飛躍，是中國古代美學對於「和」的認識經歷了一個從雜多的統一到對立因素統一的發展的過程。當然，這一過程只是個很短的片斷。倘若從中國歷代審美意識的發展角度來看的話，以「和」為美的思想作為典型的中國「古典美」的理想，它不僅支配了春秋時期的審美理念和藝術的發展，而且還對後世漫長的歲月都有著巨大的影響和深遠的意義，這才是史伯在歷史上最早提出「和實生物」、「聲一無聽」的價值之所在。

至於在西方，許多美學家也都談到過與史伯相類似的觀點和見解。不過，無論是公元前六世紀畢達哥拉斯學派所說的「音樂是對立因素的和諧的統一，把雜多導致統一，把不協調導致協調」（見《西

方美學家論美和美感》北京市：商務印書館，1980 年，頁 14），還
是古希臘赫拉克利特（前 540-前 480）所說的「互相排斥的東西結合
在一起⋯⋯自然是由聯合對立物造成的和諧，而不是聯合同類的東
西」（見《西方美學家論美和美感》北京市：商務印書館，1980 年，
頁 15），等等，在談「和」之為美的論述時，卻不僅都偏重於形式的
美，很少觸接到（政治、倫理道德方面的）內容，而且在時間上比史
伯還晚了兩個世紀。因此我們可以毫不誇張地說，公元前 774 年周太
史史伯提出的具有哲學美學高度，內涵極為豐富的「和實生物」、「聲
一無聽」的以「和」為美的思想，在中國乃至世界美學史上都是最早
的、影響最大的審美理念。

「聽和則聰」、「心億則樂」[1]
——先秦時期極具開創性的美感生理基礎論

　　《國語·周語下》記載，「二十三年」（即公元前 522 年），周景王打算鑄造一個特大的鐘，其音高為「無射」，而且還要造一個發音很低的叫「大林」的樂鐘。卿士單穆公[2]表示反對。他說：

　　「……且夫鐘不過以動聲[3]，若無射有林，耳弗及也。夫鐘聲以為耳也，耳所不及，非鐘聲也。猶目所不見，不可以為目也。夫目之察度也，不過武步尺寸之間[4]；其察色也，不過墨丈尋常之間[5]。耳之察和也，在清濁之間；其察清濁也，不過一人之所勝。……今王作鐘也，聽之弗及，比之不度[6]，鐘聲不可以知和，制度不可以出節，無益於樂，而鮮民財，將焉用之！」

1　「聽和則聰」，周景王卿士單穆公在反對景王鑄「無射」、「大林」時，提出的一個主要觀點。其中心意思是強調鐘聲的大小要適度（即「和」），要符合聽覺感官的生理要求，才能聽得清。「心億則樂」，是周景王的樂官州鳩在反對景王鑄大鐘時，提出的與單穆公相同的又有補充的又一觀點。由於他們兩人在反對鑄鐘的問題上，內容大體一致，觀點基本相同，又是同朝為官，且時間上相差無幾，故在此將其聯繫起來，以便更為集中地闡述中國先秦時期最早的美感生理基礎論。

2　單穆公：春秋末年人，生卒年代不詳。周景王、敬王時的卿士，名旗，單靖公之曾孫。他繼承先君做了周王朝卿士，也保持了祖上淳美家風，政聲遠頌。

3　動聲：言合奏時，以鐘起音（而八音從之也）。

4　步武：古時六尺為步，半步為武。步武指距離很近。

5　墨丈尋常：五尺為墨，兩墨為丈。八尺為尋，倍尋為常。

6　不度：不符合度數（或不中鈞石之數）。

之後，他又進一步闡述說：

「夫樂不過以聽耳，而美不過以觀目。若聽樂而震[7]，觀美而眩，患莫甚焉。夫耳目，心之樞機也，故必聽和而視正。聽和則聰，視正則明。聰則言聽，明則德昭。」

這裏，單穆公首先指出，鐘不過是合奏時用來起音的樂器。如果像「無射」、「大林」這樣的樂鐘聲音太高或過低，耳朵就聽不明。本來鐘聲是為了讓人聽了悅耳的，耳朵聽不清楚，那便不叫鐘聲了。其次，他談到了耳目的視聽都有其一定的範圍、限度。所以接著便強調對於鐘聲要「察和」、「知和」。那麼他所謂的「和」是什麼呢？當然，我們知道春秋時期人們言和，一般都與史伯的「和實生物」、「以他平他」[8]有關，都離不開「和諧」之義。但在此，他講的「和」卻是指鐘的聲音要大小適度。實際上這已經涉及能夠引起真正美感的對象的構成要素。所以在他看來，只有鐘聲不大不小（是一種中聲），人的感官耳才能承受得了，才能聽得清，這就叫「聽和則聰」。而且由於單穆公其時已意識到人的耳目和心有著密切的聯繫，認為它們是「心之樞機」，耳目的感受會影響到心理、精神狀態，因此他才斷言：「故必聽和而視正。聽和則聰，視正則明……」，至於「聽和」、「視正」之後，還能怎樣呢，因為涉及的方面頗廣，且他對「樂」的功能又有所誇大，此處就只好存而不論了。

可是對於談話中他提出的「察度」、「察色」與「察和」、「察清濁」，人們卻是不可不察。因為這「四察」不是別的，它都是在言明

7　震：雷，疾雷。此處言震耳欲聾之意。
8　「和實生物」、「以他平他」：參見第一篇。

先秦時期

一個道理——即耳的聽聲，目的觀色，無不皆有為人的感官所規定的限度。倘若超過了一定的限度，「聽之弗及」，「比之不度」，不能為「一人之所勝」，那麼，人們便聽不清，看不明，聲、色之美就無從感知，什麼美也就談不上了。

從另一方面看，本來「樂」是用來讓耳朵聽的，「美」是用來讓眼睛看的，倘若聽樂聽得震耳欲聾，觀美觀得眼花繚亂，那麼就「患莫大焉」，人便會產生疾病或招致災禍，這就太不幸了。

由此可見，在單穆公那裏，美感的產生是以感官的生理條件為基礎的，絕不可以違背人體健康發展的生理規律。離開了這一點，一切真正的美感便無從談起。當然，他講的「四察」，不僅講到了人的一般的感覺能力（視聽的遠近範圍），同時也關係到聽覺、視覺的審美能力。這是春秋時期人們對審美主客體之間關係認識的一種突破，是十分難能可貴的。

在反對周景王鑄「無射」、「大林」的問題上，其時的樂官州鳩[9]也說了許多相似的看法。而這些看法有的還很具體，很深刻，與單穆公的上述觀點有異曲同工之妙，可以說是一種能夠相輔相成互為補充的美感生理基礎論，故而不可不予以特別關注。比如《國語·周語》記載伶州鳩所說的：「樂從和」，「細抑大陵，不容於耳，非和也」。這與單穆公強調的「聽和則聰」，「耳所不及，非鐘聲也」，其意思不都是在說鐘的聲音要大小適度，過小、過大都是耳的聽覺感官所不能適應不能承受，人們便無從產生和諧的美感嗎？

9　伶州鳩：東周景王時掌管音律的樂官，與老子是同時期人，生卒年代不詳。「伶」是樂官之稱，州鳩為其名。

另外，《左傳》昭公二十一年也記述了伶州鳩對周景王的一段談話，不過其理由更為翔實具體。他說：

「（鐘的聲音要）小者不窕[10]，大者不摦[11]，則和於物，物和則嘉成。故和聲入於耳藏於心，心億則樂[12]，窕則不咸（感），摦則不容[13]。心是以感，感實生疾。」

就是說，（在他看來）鐘的聲音小不至於耳聽不見，大不至於耳受不了。這樣才能產生「和」。有了這樣適度的和聲（或叫中聲）入於耳，藏於心，心才能安。心安了才會給人以美的愉悅，故曰：「心億則樂」。反之，（鐘聲）過小了耳不能感知，過大了心不堪容，這樣聽久了，不但不能產生美感，還會產生疾病。

這與單穆公所告誡的「若聽樂而震，觀美而眩，患莫大焉」的看法，二者極其相似，簡直是如出一轍。

從上面所述的種種情況不難看出，單穆公、伶州鳩提出對於美的感受，要同視、聽感官的生理要求相適應，以取得「和」的效果，這在中國美學史上，是第一次提出的比較系統的美感生理基礎論。

這種觀點的出現，不僅是對當時流行於上層社會的無節制地以官能刺激為美為樂的現象的有力抨擊和警告，而且把真正的美感和官能刺激的愉悅初步作出了審美的區分，他們的「談話」對其時和後世許多思想家都產生了重大的影響。我們只要看看《樂記》中所說的「大

---

10 窕：杜預注：細，不滿。
11 摦：橫大不入。
12 億：安也。
13 摦則不容：指心不能承受，心不堪容。

樂與天地同和」、「樂者，天地之和也」，孔子在《論語・八佾》中所說的「《關雎》樂而不淫，哀而不傷」，以及《老子》十二章中講的「五音令人耳聾」，《莊子・天地》篇中所說的「五聲亂耳，使耳不聰」等等，其間的前後承繼、上下源流關係，不是一望可知麼？

我們說公元前六世紀單穆公、伶州鳩所言的「聽和則聰」、「心億則樂」及其相關言論，是中國先秦時期最早的，具有開創意義的美感生理基礎論，其原因也在於此。

鑄鼎象物
——中國美術史上原始的、具有真幻統一特點的畫論

　　《左傳》[1]宣公三年（即公元前 606 年）有這麼一段記載，說的是楚莊王討伐伊川的一個少數民族——陸渾之戎。因此來到了洛水，在周朝的境內陳列軍隊，以武力示威。當時，

　　「定王使王孫滿[2]勞楚子[3]。楚子問鼎之大小輕重焉[4]。對曰：『在德不在鼎[5]。昔夏之方有德也[6]，遠方圖物[7]，貢金九牧[8]，鑄鼎象物[9]，百物而為之備，使民知神奸[10]。故民入川澤山林，不逢不若[11]。

螭魅罔兩[12]，莫能逢之。用能協於上下[13]以承天休[14]。桀有昏德，鼎遷於商，載祀六百。商紂暴虐，鼎遷於周……周德雖衰，天命未改。鼎之輕重，未可問也。』」

這段話，本來王孫滿是在以「在德不在鼎」的道理，來勸告楚王不要問鼎，趕快撤兵。然而在談話中，他卻道出了中國美術史上最古老的繪畫理論「鑄鼎象物」。那麼，什麼是「鑄鼎象物」呢？從字面上看，「鑄鼎」就是把九州進獻的銅，通過畫形、制模、翻砂等工序，將其鑄造成為一個象徵王權的銅鼎。而「象物」，則已涉及現實與藝術的關係。其含義主要是要求鼎上的形象，要符合真實的物形。因為只有象其實物，人們才能清楚地分辨出「神」和「奸」，善和惡。可是從事實上看呢，周鼎上所象之物，既有「周鼎著鼠」、「周鼎著象」，又有「周鼎著饕餮，有首無身，食人未咽」的記載[15]。而饕餮這一猛獸誰也沒見過，是現實中所沒有的，其形象由兩個夔形合成，且夔又是殷人心目中的祖先神，由此可見所謂的「象物」之說，既包含了「現實主義」繪畫的要素，又不排斥「浪漫主義」創作的想像，是中國古代原始繪畫藝術具有真幻統一特點的一種概括的反映。當然，它的出現，不僅對奴隸社會，而且對漫長的封建社會中的繪畫理論和實踐，都有著重大而深遠的影響。這是不言而喻的。此其一也。

其二，在這段談話中，王孫滿還談到了「使民知神奸」和「用能

12 螭魅：山水的鬼怪。罔兩：木石的鬼怪。
13 用：因此。協：作動詞，協和。
14 休：福祐，美善。
15 周鼎著鼠……吃人未咽：引自《呂氏春秋》的《達鬱》、《離未》、《慎勢》和《先識》篇。

協於上下」，說的都是青銅器圖紋的社會作用。顯然這又是繪畫理論中的一種功能說。不是嗎？因為「鑄鼎象物」的目的首先是要「使民知神姦」。所以在他看來，把圖像鑄在鼎上，讓人看了一目了然，什麼是「神」是「姦」（什麼是善是惡）便都分得清清楚楚，進而就能採取崇敬、讚賞或拋棄、迴避的態度。這比起文字和語言來得更直觀、更形象，因而也更加具體、更加明瞭。其道理不是很像《周易·繫辭》中所說的「書不盡言」，「言不盡意」，故聖人才「立象以盡意」那樣，是在借助於形象來充分表達人之意念的說法嗎？其次，所謂的「用能協於上下」，這是它的又一個目的。意思是說「鑄鼎象物」可以用來使上下（包括天與人，君與臣，官吏和百姓）都能協調起來達到各得其所、和諧相處、國泰民安的狀態，從而便可以「承天休」，即承受到上天的庇祐。因此，人們不難發現，王孫滿用來勸說楚王，解釋其「在德不在鼎」的道理中，所講的「知神奸」、「協上下」、「承天休」，都是涉及繪畫的社會作用，是周人對藝術功能的一種最古老的認識。由於「知」、「協」、「承」密切相關、前後相隨，故而它也是「鑄鼎象物」繪畫理論的重要的組成部分，是不可分割的一個整體理念。

九功之德皆可歌
——中華民族傳統以德為美觀念的發端

　　《左傳》文公七年（即公元前 629 年）記載了晉郤缺[1]和趙宣子的一段談話。郤缺先是用擺事實講道理的方式向趙宣子指出：過去衛國不順服，所以占取了它的土地。現在它順服了，應當把土地歸還給它。因為作一個正卿，要主持諸侯國的盟會，對諸侯國「叛而不討」或「服而不柔」，都是不能「示德」的。而「無德」又「何以主盟？」[2]之後，他便引用《夏書》來論證其上述觀點。他說：

　　「夏書曰：『戒之用休[3]，董之用威[4]，勸之以九歌[5]，勿使壞。』九功之德皆可歌也。六府、三事，謂之九功。水、火、金、木、土、谷，謂之六府。正德、利用、厚生[6]，謂之三事。義而行之，謂之德禮。」

1　郤缺：姬姓，郤氏，名缺。即郤成子。春秋時期晉國上卿。東周時晉國冀（今山西河津范家莊一帶）人。因其食邑在冀，又稱冀缺。是晉國歷史上少有的穩健的政治家。
2　郤缺引「《夏書》曰」之前的談話原文：「郤缺言於趙宣子曰：『日衛不睦，故去其地，今已睦矣，可以歸之。叛而不討，何以示威？服而不柔，何以示懷？非威非懷，何以示德？無德，何以主盟？子為正卿，以主諸侯，而不務德，將若之何？』」
3　戒：告誡，曉諭。休：美善，福祿。
4　董：督察。
5　勸：勉勵。
6　正德：端正德行。利用：便利於使用。厚生：富足民生。

這些話，本來郤缺是在教趙宣子做諸侯的盟主時，要剛柔相濟，恩威並舉，抓住「務德」（致力於德行）這個關鍵。就像《夏書》說的那樣，把喜事告訴他，用威嚴督察他，用九歌勉勵他，不要讓他學壞。並進一步強調說明，對於已經歸服了的諸侯國，不應再加討伐，而應以德義去感化。然而由於他在其中提出了「九功之德皆可歌」的說法，並反覆指出「德」對於盟主的重要性，因而其意義，就不同凡響，而且也大大超出了他先前的意旨。

一、在整個談話中郤缺把「德」提到了極為突出的位置，它不僅成了盟主的必備條件和前提，如所謂的「非威非懷，何以示德？」「無德何以主盟？」「主諸侯而不務德，將若之何？」[7]等，而且凡是有關九功的德行，他認為那都是可以歌唱的。這就是說，「德」在他那裏，已經成為了美的一種特殊的稱謂，成為了值得讚美的人格品行，或者就如 19 世紀法國美學家庫申所說的那樣，已經成了一種「道德的美」[8]。雖然，其時所謂的六府，即水火金木土谷，還帶有自然崇拜和神的色彩，體現了原始觀念的一種承繼，也反映了商周之際審美觀念的某些變化，但是，三事（即端正德行，便利於使用，富足民生）的提出，則完全回到了人間，是人的行為美德的一種說法，這是毫無疑義的。而且「九功之德皆可歌」的出現，也就說明在漫長的奴隸制時期，人們經歷了青銅器的創制，農業生產的發展之後，對於科學的認識也得到了很大的提高，因而審美觀念也逐漸地脫離了神的籠罩而依附於倫理之上。甚至進而把「德」作為一種美的對象來加以歌

7　以上引文見注釋 2 郤缺談話。

8　此處轉引自曲戈、盛廣智《西方美學名著提要》（瀋陽市：遼寧人民出版社，1987 年）頁 203。庫申認為，「物質的美，智性的美，道德的美，都可以歸結為一個種類的美，就是道德的美。」

頌。只是到了西周中後期，六府中的金木水火土諸神才隱退，昇華為人間構造宇宙的素材。於是人們的審美觀念在與德禮相結合的同時，隨之也和五行學說凝聚在一起。這意義就更加擴展，影響也更為深遠了。

二、由於「九功之德皆可歌」之說的提出，中國音樂發展史上也產生了一個標誌性的重大突破。即人們對藝術功能的認識，由先前的「以祭上帝」，服務鬼神，轉而成為歌唱人世間的「九功之德」。這不僅徹底打破了殷人「尊神」、「先鬼」的精神桎梏，而且對後來周人以德配天命取代單純依賴鬼神威嚇和暴力壓迫的觀念，也給予了重大的改造和發展，那就是在審美認識中用「德」代替了鬼神的地位，從而開闢了一條以德為美的新路，為春秋末期直至整個封建社會的審美觀念都帶來了巨大的影響。

總之，在古文獻中除了《左傳》桓公二年魯大夫哀伯談到過「文物昭德」之外，最早明確將「德」作為審美對象來加以歌頌、讚美的，那就要推郤缺所謂的「九功之德皆可歌」了。因為哀伯的「文物昭德」之說，儘管也在一定程度上反映了其時人們的一種道德觀念、審美觀念，然而其主旨側重於德和禮的結合，要求從文飾、衣食住行等方面以不同的等級規定，突出顯耀君主的至高無上的權威，目的在於使臣下敬畏，並未將「德」提到真正意義上的美來加以認定。伍舉在他和楚靈王論章華臺之美時，雖然和郤缺的說法相似，都把「德」看作是一種內在之美、行為之美。他同時又說：「其有美名也，唯其施令德於遠近，而小大安之。」[9]可是他的上述談話，在時間上已晚

9　伍舉與楚靈王的談話見《國語楚語上》。參見本書第一篇。

於前者半個多世紀。其它如《左傳》襄公十一年魏絳所謂的「樂以安德」(《國語晉語八》)，平公年間師曠所說的「樂以風德」，《左傳》宣公三年王孫滿談到為君之道時講的「在德不在鼎」，以及《左傳》襄公二十九年吳季札高度讚美周樂的《韶箾》「德至矣哉」的評論等[10]，也都大大晚於郤缺之後。因此「九功之德皆可歌」之說，的確可以說是中國歷史上以德為美觀念之濫觴。只不過因其時美善尚未分離，德樂尚係一體，故而所謂的「以德為美」，其實也是一種「以善為美」的說法罷了。

當然，在中國歷史上各家各派對於「德」的理解和闡釋，是各各相異的。比如孔孟有孔孟的仁義之德，老莊有老莊自然素樸的「玄德」[11]、「至德」[12]，荀子有荀子的「全粹」的「德操」[13]等等。而且各個歷史時期人們對於「德」(包括社會公德、職業道德、人格品德等)的看法，也都千差萬別，大異其趣。然而在崇尚道德，以德為美這一點上，人們卻都是共同的，或基本是一致的。不然何以古人有「為政以德，譬如北辰居其所而眾星共之」[14]的說法，而今人還提出「以德治國」之論，來作為構建和諧社會的一項重大國策呢？同時，在民間，無論是哪朝哪代，人們常常都把助人行善看做一種「積德」之舉；而將損人利己的行為則統統叫做「缺德」。看來，中華民族兩

---

10 以上各種說法，同郤缺的「九功之德皆可歌」意思基本一致。都是把「德」看作是一種行為之美，都是從政治倫理道德來指出「樂」的社會功用。但在時間上都晚於郤缺。

11 見《老子》第十章：「生而不有，為而不恃，長而不宰，是謂玄德。」

12 見《莊子馬蹄》篇：「夫至德之世，同與禽獸居，族與萬物並，惡乎知君子小人哉，同乎無知，其德不離，同乎無欲，是謂素樸。」

13 《荀子勸學》：「君子知乎不全不粹之不足以為美也。……是故權利不能傾也，群眾不能移也，天下不能蕩也。生乎由是，死乎由是，夫是謂之德操。」「全粹」：全：《說文》云：「純玉曰全。」全粹，即完全純粹完美之意。在此是指人的道德、知識修養已達到非常深廣而又完美的境界。

14 此處引自《論語為政》。

千多年來傳統的審美觀念，大概都是把「德」看做是一種內在的美，行為的美。而這一以德為美的觀念的源頭呢，那就不能不追溯到郤缺其時提出的「九功之德皆可歌」這一審美理念了。

季札觀樂
──孔子之前以「中和之美」對周樂所作的最長、最全面的音樂評論

　　《左傳》襄公二十九年（即公元前 542 年）記載吳公子札應聘至魯，見到魯宗卿叔孫穆子。由於季札認為他「任其大政，不慎舉」，將有大禍，為了向其說明為政的道理，於是箚「請觀於周樂」。下面便是季札[1]觀樂時的長篇評論：

　　……使工為之歌《周南》、《召南》[2]，曰：「美哉！始基之矣，猶未也，然勤而不怨矣。」為之歌《邶》、《鄘》、《衛》，曰：「美哉，淵乎[3]！憂而不困者也。吾聞衛康叔、武公之德如是，是其《衛風》乎？」為之歌《王》，曰：「美哉！思而不懼，其周之東乎？」為之歌《鄭》，曰：「美哉！其細已甚，民弗堪也，是其先亡乎？」為之歌《齊》，曰：「美哉！泱泱乎[4]，大風也哉！表東海者，其大公乎？國未可量也。」為之歌《豳》，曰：「美哉，蕩乎！樂而不淫，其周

1　季札（前 576-前 484）：春秋時吳國人。吳王壽夢第四子，稱公子札。傳為避王位「棄其室而耕」於常州武進焦溪的舜過山下，人稱「延陵季子」。季札不僅品德高尚，而且是具有遠見卓識的政治家和外交家。「季札觀樂」中季札對音樂的評論在後世廣有影響。
2　《周南》、《召南》：是《詩經》中開頭的兩組詩歌。以下凡為之歌者均見之於《詩經》。
3　淵：深遠。
4　泱泱乎：宏大之聲。

公之東乎？」為之歌《秦》，曰：「此之謂夏聲[5]。夫能夏則大，大之至也，其周之舊乎？」為之歌《魏》，曰：「美哉，渢渢乎[6]！大而婉[7]，險而易行，以德輔此，則明主也。」為之歌《唐》，曰：「思深哉！其有陶唐氏之遺民乎？不然，何憂之遠也。非令德之後，誰能若是？」為之歌《陳》，曰：「國無主，其能久乎？」自《鄶》以下無譏焉。為之歌《小雅》，曰：「美哉！思而不貳，怨而不言，其周德之衰乎？猶有先王之遺民焉。」為之歌《大雅》，曰：「廣哉，熙熙乎[8]！曲而有直體[9]，其文王之德乎？」為之歌《頌》，曰：「至矣哉！直而不倨，曲而不屈，邇而不逼，遠而不攜，遷而不淫，復而不厭，哀而不愁，樂而不荒，用而不匱，廣而不宣，施而不費，取而不貪，處而不底，行而不流，五聲和[10]，八風平，節有度，守有序，盛德之所同也。」見舞《象箾》[11]、《南籥》[12]者，曰：「美哉！猶有憾。」見舞《大武》[13]者，曰：「美哉！周之盛也，其若此乎？」見舞《韶濩》[14]者，曰：「聖人之弘也，而猶有慚德[15]，聖人之難也。」見舞《大夏》[16]者，曰：「美哉！勤而不德，非禹其誰能修之？」見舞《韶箾》[17]者，曰：「德至矣哉！大矣，如天之無不幬也，如地之無不載也，雖甚盛德，其蔑以加於此矣。觀止矣！若有他樂，吾不敢請已。」

5　夏聲：指華夏之聲。
6　渢渢乎：形容音樂之聲婉轉抑揚。
7　大而婉：雄壯而又委婉。
8　熙熙：形容和樂的樣子。
9　曲而有直體：意謂樂曲起伏跌宕而立意是正直的。
10　五聲和：言宮商角徵羽五音和諧協調。
11　《象箾》：象為武王時之樂舞。箾：指舞蹈者手持之一種杆狀的道具。
12　《南籥》：南：指周南。籥：為一種樂器，為文舞時所持的道具。
13　《大武》：武王時的樂舞。
14　《韶濩》：成湯時之樂舞。
15　慚德：意謂德行尚有缺欠。
16　《大夏》：禹時的樂舞。
17　《韶箾》：舜時的樂舞。

這便是在孔子之前，季札對周樂所作的一篇最長最全面的評論。當然，說它最長，是因為這篇評論不算標點符號，約有五百字之多。這在先秦時期的古文獻中，是絕無僅有的；說它最全面，是因為它除了對《鄶》、《曹》二樂聽過後，沒有發表意見之外，季札其時把所有演奏過的《風》、《雅》、《頌》都分別作了評論。並且他還評論了武王時期的樂舞《大夏》以及舜之樂舞《韶箾》。

由此可見，這的確是中國先秦時期一篇最為難得的直接評論「樂」的長文，不但有著很高的文獻價值，同時由於反映了其時人們審美觀念的發展和變化，也有著極其可貴的美學意義。

本來季札的初衷，是為了向叔孫穆子說明為政的道理，他的談話通篇都在講德言政。這也正如杜預注說的那樣，他是在「依聲以參時政」，目的是為了「知其興衰」。可是若從審美的角度言之，所謂的「時政」、「興衰」，包括政治的得失，人民的願望，又都是從音樂的演奏中讓人感知、領悟音樂所表現出來的意蘊或題旨。而什麼樣的音樂才能做到做到這點，讓人感知、領悟呢？文中講得很清楚，在季札的心目中，那就是像《頌》樂那樣地「直而不倨，曲而不屈，邇而不逼，遠而不攜……」對各種不同或對立的關係處理得恰到好處的音樂，它既不過又無不及，是一種能達到「五聲和，八風平，節有度，守有序」的音樂。

這樣的音樂，五聲不高不低，體現了「和」或「中聲」的特點，八音協調，對立矛盾關係得到了統一。節拍、樂器不失其序，不相予奪，整個《頌》樂表現了周之盛德。所以他才高度地讚歎道：「至矣

哉」、「盛德之所同也」。

這一段是長文中最有意義的評論，觀點突出、集中。倘若聯繫此前他還講過《周南》、《召南》的「勤而不怨」，《邶》、《鄘》、《衛》風的「憂而不困」，《王》樂的「思而不懼」，以及《豳》風的「樂而不淫」等話來看的話，不難發現「季札觀樂」通篇都是以「中和之美」的理念原則來對周樂作出評判，可以說它是對公元前八世紀史伯的「和實生物」、「聲一無聽」思想的繼承、豐富和發展。它的特點是「和」與「中」互相聯繫，「樂」與「德」融為一體。

這篇評論對後世的單穆公、伶州鳩、晏嬰以及孔子等著名思想家都產生過重大的影響。如春秋末期流行的「樂和——心和——政和」之說，「《關雎》樂而不淫，哀而不傷」之評等，都與此有著割不斷的源流關係。晉代的音樂家嵇康在其《琴賦》中對琴音節奏變化所說的「或曲而不屈，直而不倨」，簡直就是季札評論周樂時的原話。可見其影響之深遠，的確非同凡響。我們也看到，中國古代把樂與倫理道德、政治興衰聯繫起來的傳統思想，在其時和後世，都得到了廣泛的認可，因而具有很強的生命力。那時人們所謂的「審樂以知政」，後來《樂記》一書中所說的「樂者，通倫理者也」、「聲音之道與政通」便是佐證。

七

和如羹焉
——先秦時期極形象極精鍊的和為美論

　　應當說，「以和為美」是早已有之的一種審美理論，「和如羹焉」並非什麼新的創見。自從公元前八世紀史伯在答鄭桓公的談話中，提出了「和實生物」、「以他平他」的命題之後，秦國的良醫醫和、周景王的卿士單穆公和樂官州鳩等人，也相繼發表過自己對「和」之為美的各種看法，甚至在襄公二十九年（前 542 年）吳季札還以「中和之美」的觀點、原則來對周樂作過長篇的評論，詳細地闡述了他對「和」的見解。雖然，他們有的從「和」與「同」的差異來說明「以他平他」、「和樂如一」才是「樂之至也」的道理（史伯語，見《國語鄭語》）；有的則從人的心理、生理（包括感官所能承受的限度）來講何以「五降之後，不容彈矣」，否則便會「煩手淫聲」，「乃忘平和」。可是仔細品味，上述幾人的談話、言論都比較長，且又都無一不是以抽象邏輯推理來論述其觀點的。而能夠用通俗而具體可感的形象思維方式，來闡發其對「和」之見解的，在其時，恐怕就只能首推晏嬰[1]答齊侯的一段談話了。

1　晏嬰：字仲，諡平，習慣上多稱平仲、晏子。齊國人。春秋後期重要的政治家、思想家、外交家。以有政治遠見和外交才能，作風樸素聞名諸侯。他愛國憂民，敢於直諫，在諸侯和百姓中享有極高的聲譽。他博聞強識，善於辭令，主張以禮治國，曾力諫齊景公輕賦省刑。司馬遷非常推崇晏嬰，將其比為管仲。

（《左傳》昭公二十年）公曰：「和與同異乎？」（晏嬰）對曰：「異。和如羹²焉。水、火、醯、醢、鹽、梅以烹魚肉，燀之以薪。宰夫和之，齊之以味，濟其不及，以泄其過。君子食之，以平其心。君臣亦然。君所謂可而有否焉，臣獻其否以成其可。君所謂否而有可焉，臣獻其可以去其否。是以政平而不干，民無爭心。……先王之濟五味，和五聲也，以平其心，成其政也。聲亦如味，一氣³，二體⁴，三類⁵，四物⁶，五聲⁷，六律⁸，七音⁹，八風¹⁰，九歌¹¹，以相成也。清濁，小大，短長，疾徐，哀樂，剛柔，遲速，高下，出入，周疏，以相濟也。君子聽之，以平其心。……若以水濟水，誰能食之？若琴瑟之專一，誰能聽之？同之不可也如是。」

　　這段話晏嬰本來是在以「和」「同」之辯，來論述為政之道的。然而其中涉及的美學思想——「和」，他卻講得非常形象具體。文字不多，深入淺出，讓人一望而知所謂的和之為和，原來不過是像用肉、菜調和五味做成帶湯的食物那樣。先是把那些原料拿來，加上水，經過廚工的調劑，使味道適中，達到無過無不及的狀態，然後用柴火烹煮，因而「君子食之」便能「以平其心」。

　　這是多麼通俗易懂的比喻！又是何等言簡意賅的箴言！為了更深

2　羹：在上古時是指用肉或菜調和五味做成的帶湯的食物。而湯，在唐以前一般只指熱水，後來才指菜湯。
3　一氣：指聲音是由氣動而發生。
4　二體：樂的演奏時有舞伴之，舞有文舞武舞，文舞執羽龠，武舞執干戚，故稱二體。又說樂有陰陽剛柔，也曰二體。
5　三類：指詩之風、雅、頌。
6　四物：樂器的構成原料金、石、絲、竹、革、木等，為四方所產，非出一地，故稱四物。
7　五聲：宮、商、角、徵、羽。
8　六律：黃鐘、太簇、姑洗、蕤賓、夷則、無射六陽聲為六律。六陰聲為六呂。
9　七音：五音之外加上變宮、變徵二音。故謂七音。
10　八風：八方之風。
11　九歌：六府、三事為九功，歌頌九功之歌為九歌。六府為水木火金土谷，三事指正德、利用、厚生。

入具體地闡述這一道理，他又從「先王之濟五味，和五聲也」目的是「以平其心，成其政也」之說，進而順理成章地提出「聲亦如味」，來展開他的論點。這可以說是他在講了「和如羹焉」的比喻之後的又一具體的取譬。其意思自然是說音樂與羹味是一樣的。即真正美的音樂是由五聲、六律、七音、八風、九歌等不同的音調相反相成構成的。而他所講的「清濁、大小、短長、徐疾……以相濟也」，則是說要把矛盾對立的事物或因素，相互調節，達到和諧的統一，才能產生美的音樂。

由此可見，晏嬰的這一段「和」、「同」之論，比史伯的「以他平他」、「聲一無聽」之說的確要更為深入、具體得多。

雖然，晏嬰和史伯都認為美在於「和」，即美在於多樣性的統一，但他不像史伯那樣，只籠統地講要把相異的東西結合起來，而是具體地提出了要將各種相異和對立的東西「相成」、「相濟」，配合適中，達到和諧的統一。並且其中所謂的「濟其不及」、「以泄其過」的說法，實際上已包含著後來孔子美學的「中庸」原則的思想基礎，這些都是晏子美學思想的較為突出的價值和意義之所在。

當然，以「和」為美的思想，或者說美在於一與多的對立統一的和諧關係，在西方也是早已有之，並且一直被視為美的根本規律之一。例如公元前六世紀畢達哥拉斯學派所說的：「音樂是對立因素的和諧的統一，把雜多導致統一，把不協調導致協調……」（《西方美學家論美和美感》北京市：商務印書館，1980 年，頁 14。）；再如古希臘的赫拉克利特所說的：「互相排斥的東西結合在一起，不同的音

調造成最美的和諧」（《西方美學家論美和美感》北京市：商務印書館，1980年，頁15。）；以及亞里斯多德在談到悲劇時認為悲劇不能只有「一」，只有「一」便會單調，「單調很快就會使人膩煩，悲劇的失敗往往由於這一點」（《詩學》北京市：人民文學出版社，1982年，頁87。）等。這些論點和中國古代美學都是一致的。所不同者，早期的西方美學偏重於「和」的形式因素（如聲音、色彩與形式的比例等），而中國古代美學，包括晏嬰的「和如羹焉」的和為美論，卻是在重視形式的同時，更為重視內容及情理方面的和諧罷了。這一特點，也是我們在介紹晏嬰論「和」與「同」之時不能不予以提到的。

詩言志
——中國歷代詩論「開山的綱領」

　　「詩言志」最早見之於《尚書·堯典》[1]中。舜在任命夔為掌管音樂的樂官，並要求他教育弟子（冑子）「直而溫[2]，寬而栗[3]，剛而無虐[4]，簡而無傲[5]」之後，說：「詩言志[6]，歌永言[7]，聲依永[8]，律和聲[9]，八音克諧[10]，無相奪倫[11]，神人以和[12]。」

　　其意思呢，是說：詩是用來表達思想志向的，歌是唱出來的語言，五聲是隨歌唱而定的，六律是用來調和五聲的，八音都能和諧，秩序不能混亂，那麼神與人（通過音樂的交流）便都和諧了。

1　《尚書》：原稱《書》，儒家經典之一，是中國上古時期歷史文獻和部分追述古代事蹟著作的彙編。現今通行的清代《十三經注疏》本，其《尚書》是《今文尚書》和梅賾的《偽古文尚書》的合編，共五十八篇。《尚書》記述有虞、夏、商、周有關政治、經濟、軍事和文化風俗等史料，是研究中國上古時期歷史的重要參考。
2　直而溫：正直而溫和。
3　寬而栗：栗：堅貌。寬宏而莊嚴。
4　剛而無虐：剛毅而不苛刻。
5　簡而無傲：簡單而不傲慢。
6　詩言志：詩是用來表達人的志意的。
7　歌永言：永，長也。句謂歌是延長詩的語言，徐徐詠唱。
8　聲依永：聲，五聲也。句意是說聲音的高低和長言相配合。
9　律和聲：謂用律呂來調和歌聲。六律指黃鐘、太簇、姑洗、蕤賓、夷則、無射。
10　八音克諧：《周禮春官大師》：八音指金、石、土、木、竹、絲、匏、革。亦即銅鐘、石磬、塤缶、柷（音祝，形如漆桶）敔（音語，形如伏虎）、簫笛、琴瑟、笙竽、雷鼓。克諧：達到和諧協調之意。
11　無相奪倫：無通毋。意謂不要搞亂了次序。
12　神人以和：意思是說，神與人通過詩歌音樂的交流達到和諧。

這裏，舜是在講以「聲」為用的樂，又在談以「義」為用的詩。舜之所以把詩的作用放在首位，其目的更是在強調，詩所表達出來的思想、志向、願望是音樂的主要內容，是達到「神人以和」的重要途徑和前提條件。故而夔聽了之後，才肯定地回答說：「於！[13]予擊石拊石，百獸率舞。」[14]

《尚書》這部書，是關於中國上古歷史和部分追述古代事蹟著作的彙編。有近人認為，它由周代史官根據傳聞編著，其間經過秦火之難後又經春秋戰國時人補定而成。所以上述這段文字不一定就是舜說過的話，也不一定都是先前的原始記載，其中甚至還有偽託、杜撰之處。

但上古時期人們在祭祀、慶功或記敘歷史重大事件時，常常都要用樂舞（包括詩歌）來表達他們的心意、願望卻是無可置疑的。從「葛天氏之樂，三人操牛尾，投足以歌八闋」[15]的記載（見《呂氏春秋‧古樂》），以及從《左傳》文公七年「《夏書》曰：『戒之用休，董之用威，勸之以九歌，勿使壞。九功之德皆可歌也」的說法，可以說上古時期人們對於詩歌的功能特徵，在進行了眾多而廣泛的實踐活動之後，已經有了很高的認識，並積纍了不少的經驗。

故而舜任命了夔來掌管樂政（設立了專門的樂官），又要他對「冑子」進行音樂教育（包括詩歌教育在內），那麼他提出「詩言志」

---

13 於：音烏，歎詞，啊。
14 擊石拊石二句：拊：小擊。句意是：啊！我擊拊石磬，使各種動物都跟著跳起舞來。按：百獸率舞，可能是上古時期的一種圖騰舞蹈。
15 八闋：指八篇音樂之名，即一《載民》，二《玄鳥》，三《遂草木》，四《奮五穀》，五《敬天常》，六《建帝功》，七《依地德》，八《總禽獸之極》。

的主張，來表達自己對詩歌的功能、特徵的看法，也就是順理成章、完全可能的事。至於「詩言志」的確切含義是什麼？朱自清先生在其《詩言志辨》中已經說得很明白，那就是它「主要指詩歌是表現作者或賦詩者的意志、思想或抱負」。而其中的那個「志」字呢？因為「詩人有終身之志，有一日之志，有詩外之志，有事外之志，有偶然興到，流連光景，即事成詩之志，志字不可看殺也」（《小倉山房尺牘》卷十，清 袁枚語），人們對此不必過於拘泥就是了。

此外，由於《尚書》是中國現存最早的一部歷史文獻。《堯典》又是其中的一篇，無論是伏生所傳的《今文尚書》，還是梅賾獻上的《古文尚書》，其中皆有「詩言志」之明確的記載。所以這一詩歌理論出現後，便對其時以及後世產生了深遠的影響。

例如《左傳》襄公二十七年所載，鄭伯享趙孟於垂隴時，便有趙孟「請皆賦，……武（趙孟）亦以觀七子之志」的說法；有趙文子「詩以言志」的說法；後來莊子在《天下》篇中也談到過「詩以道志」的見解；《禮記‧樂記‧樂象》更明確地講到「詩，言其志也」等等，這些都直接間接地源於《堯典》中的說法。由此可見，「詩言志」說的確堪稱中國歷代詩論「開山的綱領」（朱自清：《詩言志辨》，《朱自清古典文學論文集》上冊，桂林市：廣西師範大學出版社，2004年），是中國歷史上最早的詩歌功能說。

當然，詩人的「志」是一定條件下的產物。詩中所言的「志」，又往往和社會、政治、倫理、教化有著密切的聯繫。故人們通過「言志」的詩，也就能夠在不同程度上認識其時的那個社會，這就是說它

已經涉及詩歌的認識功能。為什麼《漢書・藝文志》說，詩可以「觀風俗，知得失，自考正」，為什麼《禮記・王制》中說天子往往要「命大師陳詩，以觀民風」呢，其道理也都在此。

再者，既然「詩言志」是指詩人或賦詩者的思想、志向、抱負，那麼，言志之詩，就具有從思想志向或抱負方面影響欣賞者，和對其進行某些感染或規範的作用，這正如朱熹所說的詩可以「感發志意」那樣（意謂可以使欣賞者精神感動奮發）（《四書章句集注》北京市：中華書局，1983 年，頁 178）。因此，「詩言志」說，除了說明詩有其認識功能之外，還有重要的教育作用。不然何以孔子對《詩經》評價很高，還把它作為對弟子進行教育的主要教材呢？

不過，漢代在「詩言志」之外，《毛詩序》中又提出了「在心為志，發言為詩。情動於中而形於言」的說法。到了魏晉南北朝，陸機在《文賦》中常常將「情」和「志」連文並舉，又進一步提出了「詩緣情而綺靡」的見解，甚至劉勰在《文心雕龍・明詩》篇中也說：「人稟七情，應物斯感；感物吟志，莫非自然」。這些，可以說都是對「詩言志」的補充或修正。他們都看到了「情」和「志」的內在聯繫，表現了「情」、「志」統一的一種發展趨勢。然而真正從理論上將「情」和「志」作出明確的規定，並對「詩言志」作出重新解釋的，還是唐初的孔穎達，他說：「在己為情，情動為志。情志一也。」（《春秋左傳正義》卷五十一，昭公二十五年）只不過孔氏的這一貢獻，若從其源頭上看，應當說也來源於《尚書・堯典》中的「詩言志」說，這也確是一個無可否認的事實。

「陶唐氏為舞」、「葛天氏之樂」
——中國上古時期舞蹈功能說之濫觴

　　藝術由模仿大自然而生，這是大家都已公認的說法。舞蹈作為一種藝術，當然也不例外。然而舞蹈的社會功能，在中國上古時期，最初有什麼說法呢？《呂氏春秋‧仲夏紀‧古樂》[1]篇有兩則記載講得很清楚，可供大家解讀、參證。

　　其一：

　　「昔陶唐氏之始[2]，陰多滯伏而湛積[3]，水道壅塞[4]，不行其原[5]，民氣鬱閼而滯著[6]，筋骨瑟縮不達[7]，故作為舞以宣導之[8]。」

1　《呂氏春秋》：又名《呂覽》，由秦相呂不韋及其門客所著。據高誘注，成書在秦始皇八年，即公元前 289 年，學界多從此說。全書共二十六卷，一百六十篇。《漢書藝文志》認為該書「兼儒墨，合名法」，「於百家之道無不貫綜」，因而通常將《呂氏春秋》看做是雜家的著作。實際上它反映了戰國末年封建大一統國家建立過程中的文化融合趨勢。書的內容非常豐富，保存了不少有價值的美學思想材料。
2　陶唐氏：堯的帝號。一說「陶唐氏」為「陰康氏」之誤。
3　陰多滯伏而湛積：陰：古哲學概念。陰與陽構成兩個對立的範疇。如天、火、暑是陽；地、水、寒是陰。陰多，指陰氣過盛，或陰雨太多。滯：不流暢。積：聚積。湛：深、浸。句謂陰氣過盛而造成沉積凝聚。也可說陰雨過盛，水不流暢因而深沉聚積。
4　水道壅塞：水道阻塞。一說「水」當為「陽」。陽道即為陽氣。意謂陽道阻塞。
5　不行其原：原：水道。一說原當為序。不行其原，即水不按正常秩序流行之意。
6　民氣鬱閼：氣：元氣。精神狀態。意謂人民的精神憂愁而滯塞。
7　瑟縮不達：捲曲不舒展。
8　宣導：疏通引導。

這段話是說帝堯在位之初，因為陰氣過盛，水道壅塞，不行其原，人民精神狀態憂鬱、沉悶，筋骨捲曲不展，所以才製作舞蹈來暢達民氣，疏通筋骨。可見，上古時期舞蹈的產生和功用，最初並非是為了審美觀照，而是出於人的心理和生理健康之需要。當然若按陰陽說解釋的話，製作舞蹈，目的是用來疏通陽道驅散陰氣，從而恢復人的身心健康，其功用類似，此處不再詳述。值得注意的是，這一說法（包括其時的陰陽觀念），都是人類在漫長的歲月中，通過乾濕、晴雨、冷熱等各種氣候變化對人的身心產生的影響，逐步體驗和感受而得來的認識。這一認識雖然並未上升成為科學的界說或理論，但它卻樸素地告訴我們，舞蹈的製作和功用，最初都是和具體的天候生活生產血肉相連的，是人類處於童年時期對天文氣象、生理醫療的一種萌芽狀態探求的結果。這便是上古時期舞蹈功能說之濫觴。

其二：

「昔葛天氏之樂[9]，三人操牛尾，投足以歌八闋[10]：一曰《載民》，二曰《玄鳥》，三曰《遂草木》，四曰《奮五穀》，五曰《敬天常》，六曰《建帝功》，七曰《依地德》，八曰《總禽獸之極》。」

這段記載充分說明：一、葛天氏之樂是由許多人捉著牛尾巴，踏著舞步，唱起「八闋」之歌所構成的。是歌、樂、舞三位一體的具體體現。二、「八闋」之歌的詳細內容，雖然不得而知，但從其題目所示，涉及歌頌氏族圖騰、人間帝王、天神地祇以及有關的農業生產之事，這卻是無可置疑的。因此，我們不難發現上述有關舞蹈功能之

9　葛天氏：古帝名。有人說是三皇時之君號。
10　投足：猶躡足。即踏步、踩足。

說，皆與其時人們對原始宗教（圖騰）的崇拜相關，也是舞巫同源的一種反映。雖然兩則記載表明的功用內涵十分廣泛，影響也極為深遠，但它只是上古時期關於舞蹈功能的兩個傳說。對此，人們的解讀是不可以過但也不可不及。

效山林、溪谷之音以歌
——中國見之於文字記載的最早的樂論

　　在文字未曾出現之前關於音樂的起源、功用問題，究竟先民是怎樣看的、說的，因其時無法記錄，不得而知。但是，《呂氏春秋·仲夏記·古樂》篇中的幾則記載，卻給我們提供了很有價值的資料，讓人們從中看到中國最原始的音樂理論的端倪，這是極其難能可貴的。

　　例如，《古樂》篇中所說的：

　　「帝顓頊[1]生自若水，實處空桑，乃登為帝。惟天之合[2]，正風[3]乃行；其音熙熙、淒淒、鏘鏘。帝顓頊好其音，乃令飛龍作八風[4]之音，命之曰《承雲》，以祭上帝[5]。」

　　另一則記載說：

　　「帝堯立[6]，乃命質為樂。質乃效山林、溪谷之音以歌。乃以麋

1　顓頊：上古之帝，相傳是黃帝子昌意的後裔。居帝丘（今河南濮陽），號高陽氏，在位時間約為公元前 2450 年。
2　惟天之合：言德與天合風化。
3　正風：言八方之風各得其正也。
4　八風：八卦之風。
5　上帝：昊天上帝。
6　堯：相傳是帝嚳的兒子。名放勳，號陶唐氏，都平陽（山西臨汾縣），在位時間約為公元前 2297 年。《尚書·堯典》說堯死時「百姓如喪考妣」，可見堯是個廣受人尊敬的古帝。

革各置缶而鼓之[7]，乃拊石擊石[8]，以象上帝玉磬之音，以致舞百獸[9]；瞽叟乃拌[10]五弦之瑟，作以為十五弦之瑟。命之曰《大章》，以祭上帝。」

這兩段記載，詳略有別，意思卻大體相同，說的都是音樂是由模仿大自然而形成的。其時帝顓頊聽到了「正風」「熙熙、淒淒、鏘鏘」的聲音感到很美，因而命大臣飛龍對它進行模仿、再現，形成《承雲》；帝堯的樂官質效法了山林、溪谷之音，作成《大章》之歌。目的呢，都是「以祭上帝」。特別是「效」字本來就有「模仿、效法」之意，所以「效八風之音」也好，「效山林、溪谷之音」也好，二者都是對大自然的模仿。可以說這就是一種原始的關於音樂起源的「模仿說」。

至於《古樂》篇中還提到「昔黃帝令伶倫作為律[11]……聽鳳皇之鳴，以別十二律」之說，其道理與上述記載如出一轍，也是言十二律的製作是由模仿「鳳皇之鳴」而來。只不過被後世共奉為我們民族始祖的黃帝，其實只是一個傳說中的人物。「黃帝」二字在古籍中出現很晚。甲骨文、金文中，都未出現過「黃帝」的字樣，即使在儒家的經典著作《周禮》、《論語》、《孟子》，以至馬王堆出土的《春秋事語》等，最多也只是提到堯、舜，並未提及「黃帝」。所以上引《古樂》篇中的黃帝時間無可考，該則記載僅供參閱。而比較接近客觀實際

7　缶：瓦制的打擊樂器。鼓：擊，敲打。
8　拊石：拊：小擊。石：石磬。意謂輕輕敲打石磬。
9　舞百獸：使百獸舞。百獸：指人化妝成各種動物的樣子。
10　拌：分開。
11　伶：樂官。律：古代音樂中用來正音的竹管。用律管定出來的音也叫律。《漢書·律曆志》云：律十有二。陽六為律，陰六為呂。

的，則應當是關於帝堯的那段記載了。這是見於典籍的關於部族領袖製作音樂的最早記載。一方面說明音樂的產生最先是源於對大自然的模仿；另一方面說明音樂的社會功用是「以祭上帝」。可見這是與原始的宗教崇拜結合在一起的，一種古老的關於藝術功能的說法。

此外，《古樂》篇還另有一則記載，說的是：「昔古朱襄氏之治天下也[12]，多風而陽氣畜積[13]，萬物散解，果實不成，故士達作為五弦瑟，以來陰氣[14]，以定群生[15]。」

這就是說在原始先民那裏，音樂不但可以用來祭祀上帝，甚至還可招來陰氣，以定群生。這明顯是將音樂作為一種巫術，來為農業生產服務。雖然人們可以將之看作是對上述音樂功能的一種補充或擴展，但其根據卻仍然是對於原始宗教的無限崇拜和信奉，只不過又在「以祭上帝」的功能之外披上一層更加神秘的外衣。

當然，自然模仿的觀點，在西方許多美學家、哲學家的言論中也極其普遍。例如公元前一世紀古羅馬的詩人、哲學家盧克萊修在其《物性論》中所說的：「人們用口模仿鳥類的流暢歌聲，遠遠早於他們能夠唱出富於旋律而合乎節拍的歌⋯⋯風吹蘆葦管而引起的共鳴最先教會村民去吹毒芹的空管。」[16]這與上引《古樂》篇中幾則模仿自然之說相比，豈不是極其相似，大有異曲同工之妙麼？其它如文藝復興時期的達·芬奇、馬佐尼、賽凡提斯，甚至還有公元前四世紀古希

---

12 朱襄氏：上古天子。
13 陽氣畜積：指陽氣不斷積聚而引起過盛。
14 士達：朱襄氏之臣。來：招來，引來。
15 定：安定。
16 曲戈、盛廣智：《西方美學名著提要》（瀋陽市：遼寧人民出版社，1987年），頁20。

臘的哲人亞里斯多德等，他們都有過各種類似的談話和記載。但比起我們的先民率先提出的「效山林、溪谷之音以歌」的看法來，時間就晚得太多了。因此在一定意義上可以說，這個說法是中國見之於文字記載的最早的樂論，也是世界上最早關於音樂的「模仿說」和「功能說」。

遇合無常
——先秦美學中最樸素、生動的審美差異說

　　先秦時期，關於審美差異性的問題，莊子早就談到過一些人與人、人與動物，「必相與異，其好惡故異也」（《至樂》）的見解。但是他的那些談論，都是基於其泯美醜的絕對相對主義而闡發出來的，是一種「類與不類，相與為類」的說法。而《呂氏春秋》則不然，它不但不否認美的客觀性，而且還清醒地認識到，審美是因人而有其差異性的。《孝行覽·遇合》篇中說：

　　「凡能聽音者，必達於五聲。人之能知五聲者寡，所善惡得不苟[1]？客有以吹籟[2]見越王者，羽、角、宮、徵、商不繆，越王不善[3]；為野音，而反善之。……故曰：遇合也無常[4]。說，適然也。若人之於色也，無不知說美者，而美者未必遇也。故嫫母執乎黃帝[5]。……人有大臭者，其親戚、兄弟、妻妾、知識無能與居者，自

1　人之能知五聲句：因為能懂得音樂的人很少，因此他認為美的音樂怎麼能不草率。
2　籟：古代的一種管樂器。《廣雅·釋樂》云：「籟謂之簫。」《漢書音義》說：「籟，簫也。」
3　越王不善：不善，意動用法，不以之為善。句謂越王不以為是美的音樂。
4　遇合也無常：遇：遇到，機遇，契合。《說文》云：「遇，逢也。」合：符合，適合，匹配。常：經常，常規。句意是指甲乙兩種事物相遇並適合，不是經常有的，或是沒有常規的。
5　若人之於色數句：說：通悅，喜歡。句意是說，像人們對於女色那樣，沒有人不知喜歡美女的，但是美女不一定能夠遇到。所以嫫母（醜女）做了黃帝的妻子。

苦而居海上。海上有人說其臭者，晝夜隨之而弗能去。說亦有若此者。陳有惡人焉，曰敦洽仇麋，椎顙[6]廣顏，色如漆赭，垂眼臨鼻，長肘而矮，陳侯見而甚悅之。」

這段話本來是在談「士」的遭遇和時機合不合的問題，但因作者認為「遇合也無常」，即機遇並適合，不是經常有的。所以文章一開頭便強調指出：「凡遇，合也。時不合，必待合而後行。」這就是說如「時不合」而強行的話，即使是孔子那樣的大思想家、政治家，雖周遊列國「所見八十餘君」，最終也「以此遊僅至於魯司寇」而已。

可是從書中所舉的一些具體例子來看，它客觀上卻又提出了一個審美差異性的問題，而且這個「差異性」，還明確地表現在審美主體、主體的心態和審美客體三個不同的方面。

例一，越王由於不懂得五音，所以他不能欣賞精確地為之吹奏的簫的音樂。相反，客為他吹奏不合五音的「野音」，他卻認為很好。這便是因審美主體的素質和審美客體的變換而引起的差異性，也就是所謂的「遇合無常」。

例二，文中說：有個身上氣味（臭）很大的人，其父母、兄弟、妻妾等認識他的人，都沒有能和他住在一起的。那人就痛苦地跑到海（島）上去住，可是海（島）上的人卻喜歡他的氣味，日夜跟隨而不能離開。喜悅也有這樣的情況。陳國有一個相貌醜陋的人，叫敦洽仇麋，禿頭寬額，面色赤紅，下眼瞼垂近鼻子，手臂長而且彎，但是陳侯看見他卻很喜歡。這二者都是因審美主體的不同而產生的差異性。

6　椎顙：椎：頭髮脫落，禿頭。顙：額頭。椎顙：是說頭前邊的頭髮已經掉光。

這又是「遇合無常」的一種情況。

例三，在《有始覽‧去尤》篇中，作者以「魯有惡者」為例，說魯國有個很醜的人，他的父親出門看到了商咄（其時的美男子）回去後便對他的鄰居說：「商咄不若吾子矣。」實際上，「其子至惡也，商咄至美也。彼以至美不如至惡，尤乎愛也」。這就更是說明由於審美主體的心態有問題——偏愛自己的兒子，所以才出現將美醜顛倒那樣的差異性。

從上述幾個例子不難看出，五音之美、商咄之美也好，臭味很大、相貌很醜也罷，本來都是一種客觀存在，但是都沒有能得到一種正確的審美評價，甚至有人還以醜為美，以臭為香，從而發生審美判斷上的是非顛倒。其原因呢，就在於「遇合無常」，或者說，就在於審美主、客體的不遇不合之故。這很像十八世紀英國美學家休謨所說的：「不同的心會看到不同的美」，美只是「事物與人的心靈（感觀或功能）中間的一種合拍狀態或聯繫」[7]。當然，從「時不合，必待合而行」這方面來看，「遇」和「合」都與時機條件相關。「時」不合了，可以待到「時」合了，再採取行動；「時」合了，那麼，美就會認為是美，不再被指為醜了。但是，若從上邊那些實例中的人來看的話，審美主體的素質、心態，又是在其中起著主導作用的重要因素。故而作者緊接著便提出：「故知美之惡，知惡之美，然後而能知美惡矣。」

這就是說，只要人們（審美主體）知道被說成是美的實則是醜

---

7 曲戈、盛廣智：《西方美學名著提要》（瀋陽市：遼寧人民出版社，1987年），頁99。休謨：《論審美趣味的標準》。

的，被說成是醜的實則是美的，之後，那才能知道什麼是真正的美與醜了。

這些看法，應該說在當時的歷史條件下是最為樸素的、唯物的，而且也是十分難能可貴的。《呂氏春秋》審美差異說的出現，一方面是對莊子所謂的「審美差異性」[8]的一種糾正，不僅充分肯定了美醜的區分有其客觀的標準，而且還堅信美醜的客觀存在，決不因人們的錯誤判斷而被否定或顛倒。另一方面，它的出現又彌補了孟子的「審美共同性」[9]的不足，使人們擴大了審美的視野，看到了在「審美共同性」之外，還有多樣的不可否認的審美差異性。

這便是「遇合無常」的獨到之處，也是先秦時期這一最樸素的審美差異說的意義之所在。

8　莊子所謂的「審美差異性」：指《齊物論》中所講的「毛嫱麗姬，人之所美也；魚見之深入，鳥見之高飛，麋鹿見之決驟。四者孰知天下之正色哉」，「是一亦彼也，彼一亦是也……是亦一無窮，彼亦一無窮，故曰莫若以明」，以及「厲與西施……道通為一」等等。
9　孟子論審美的共同性：見《告子上》記載的：「口之於味，有同嗜焉；耳之於聲，有同聽焉；目之於色，有同視焉。心之所同然者何也？謂理也，義也。……故理義之悅我心，猶芻豢之悅我口。」

道之為物，惟恍惟惚
——中國美學史上最早的朦朧美論

我們知道，老子[1]的「道」是他哲學的中心範疇和最高範疇。它既是天下萬物產生的總根源（見第二十五章，「可以為天下母」，第四章，「淵兮似萬物之宗」），又是他最美最樂的美學形象和追求（《莊子·田子方》載老子自述其「心游於萬物之初」即與道同在時的感受：「得夫是，至美至樂也」）。然而這個「道」，究竟是什麼樣的存在形式呢？《老子》二十一章說：

「道之為物，惟恍惟惚[2]。惚兮恍兮，其中有象[3]。恍兮惚兮，其中有物。窈兮冥兮[4]，其中有精[5]。其精甚真，其中有信[6]。」

在老子那裏，「道」是具有物質性的，它是物不是精神。只是這

1　老子：中國古代偉大的思想家，道家學派的創始人。根據《史記》記載，他是「楚苦縣厲鄉曲裏（今河南鹿邑）人也。姓李名耳字聃。周守藏室之史也」。生卒年代不詳。相傳孔子曾向他請教過周禮，大約與孔子同時稍早。至於《老子》這一語錄體的著作，多數學者認為，它成書於戰國初期，其內容可能經過道家後學的整理、潤色，出現過某些詞句上的變更，但此書的主要思想，包括它提出的「道」作為最高的範疇，用以標誌萬物的產生的總根源及其變化的總規律等，仍然是屬於老子，這是毋庸置疑的。

2　「道之為物，惟恍惟惚」：恍惚：模糊，不清楚。惟：思、只。此處作語氣詞。句意謂道這個東西，恍恍惚惚，似有若無。

3　象：形象。象與物皆「無狀之狀，無物之象」。

4　窈兮冥兮：窈，幽深。冥，昏暗。句謂幽深昏暗的樣子。

5　精：精氣。

6　其中有信：信，言語真實，實在。句意，那裏面有實實在在的東西。

種物模糊隱約，朦朦朧朧，是「視之不見」、「聽之不聞」、「搏之不得」的一種「無狀之狀，無物之象」。這就叫做恍惚（第十四章）。本來嘛，看不見、聽不到、摸不著的東西，那就是無，這是很明顯的。可是《老子》二十一章接著卻又說，在「恍惚」或「惚恍」的狀態中，還「有象」、「有物」；在深遠幽暗的中間也「有精」。對此蘇轍在《老子解》中曾分析說：「狀，其著（顯露）也。象，其徵也（徵：跡象）。『無狀之狀，無物之象。』皆非無也。」

這就充分說明所謂「惟恍惟惚」的「道」，其實就如呂惠卿在其《道德經傳》中注的：「象者疑於有物而非物也，物者疑於無物而有物者也」那樣，它既包含了「有」，又包含了「無」，是一種似有卻無，似無卻有的，可感覺而又超感覺的存在形式或狀態。

當然，老子這裏是在講「道」的特徵或屬性。然而由於在世界美學的早期階段，哲美不分是一種普遍現象，老子的哲學和其美學也毫不例外地是融為一體，密不可分的。故而當他在講「道」的存在形式之時，他同時的確又以其樸實的語言，準確而深刻地揭示了審美觀照中一條帶普遍性的規律——即真正的美的創造（欣賞）皆在於訴之具體感性的形式，而同時又具有超越感官的普遍意義。其核心要在似有卻無，似無卻有。

這便是在中國美學史上最早由老子提出的朦朧（恍惚）美論，它比十八世紀德國美學家萊布尼茨所說的「美感是一種混亂的朦朧的感覺」[7]要早得多、深刻得多，而且也豐富得多。老子的朦朧美論，不

7　《西方美學家論美和美感》第一冊（北京市：商務印書館，1980年），頁84。

僅涉及了美感，涉及了審美心理和美的創造，甚至它還可以調動人們的想像、聯想，從而變有限之美為無限的愉悅。這才是老子恍惚之美的意義和價值之所在。

事實上恍惚（朦朧）之美，在後世各種藝術中，確實大量存在。而且中外許多有代表性，成就很高的名作，都可以說明這一美論所具有的普遍的理論意義和實踐意義。例如張大千的國畫《灩澦雲帆》，氣勢磅　，景色壯觀。可是這一雄奇之美的畫面，恰恰是運用潑墨技法，通過模糊依稀的巨石、崖岸和雲、帆來表現的。而法國莫內著名的油畫《日出印象》雖色彩豐富，風光迷人，但它的美也是在朦朧中見出的晨曦、樹叢，在隱約裏表現的船影、水波。這，不都是朦朧（恍惚）美論，在繪畫中的具體運用和審美反映嗎？在音樂裏，這種情形尤其如此。無論是中國的古樂《十面埋伏》，阿炳的《二泉映月》，還是貝多芬的交響樂章，演奏時，人們都常常在這些美妙的樂曲中，似乎聽到許多這樣或那樣東西，卻又不可言傳，無法用概念來加以明確的規定，只是覺得其中「有象」、「有物」、「有精」。所以這更是一種「惟恍惟惚」的，可感覺而又超感覺的審美境界。至於在詩歌中，韓愈在《早春呈水部張十八員外》之一所寫的「天街小雨潤如酥，草色遙看近卻無」，袁枚在其《沙溝》中所寫的「沙溝日影見朦朧，隱隱黃河出樹中」，都是在描繪一幅幅似有卻無、隱約依稀的美的景色。清初著名的畫家弘仁（漸江）寫了一首詩，說他畫的黃山「傾來墨瀋堪持贈，恍惚難名是某峰」，則是直接沿用了老子的「恍惚」二字，來表明他的繪畫理念，表名他所畫黃山的山峰既是惟恍惟惚的，又是難以名狀的。這不是與老子的「無狀之狀，無物之象」是

謂恍惚的說法如出一轍嗎？

其它，（在理論上）如《莊子‧天地》篇的寓言，「象罔得玄珠」中的「象罔[8]」（呂惠卿注：「象則非無，罔則非有。」），《呂氏春秋‧大樂》中所講的：「有知不見之見，不聞之聞，無狀之狀者，則幾於知之（即道）矣」，以及清初著名畫家石濤在其詩中提出的「不似之似」[9]的畫論，包括齊白石先生所謂的畫貴在「似與不似之間」的諸多說法和見解，其實都無不源於老子的恍惚美論，有的甚至原詞引用，直接照搬，可見其影響之大，生命力之強。

---

8 象罔：有形與無形，虛與實結合的形象。郭慶藩《莊子集解》注曰：「象者若有形若無形，故眣而得之。即形求之不得，去形求之亦不得也。」

9 不似之似：指源於生活物象的藝術形象所具有的特徵。石濤詩云：「名山許遊不許畫，畫則似之山必怪。變換神奇懵懂間，不似之似當下拜。」所謂「變換神奇懵懂間」，就是「恍兮惚兮」的境界，是「不似之似」的藝術形象在山水畫上的體現。

道法自然
——中國美學史上最早、最概括的以自然為美的審美理念

　　上古時期，人們在生產生活的過程中，曾經「效山林、溪谷之音以歌」創造了自己的音樂；那時「陸事寡而水事眾，於是民人被髮文身以象鱗蟲[1]」，還產生了原始的繪畫。這些都是先民們效法自然，模仿自然所取得的藝術成果。

　　後來《詩經》的許多作者，把大量的「鳥獸草木」等自然物，引進詩中來加以描繪、比興和讚美，這更是周人以自然為美的審美意識在詩歌領域裏的發展和提高。當然，到了春秋中後期，一些思想家、美學家如子產、伶州鳩等已經從理論上談到了音樂的創作，樂器的製造和演奏，要師法自然，要符合自然規律，才能獲得美和美感的觀點或論說。然而，真正把它概括、昇華到最具哲學高度、審美理念的，要首推《老子》第二十五章中提出的「道法自然」的這一命題。老子

1　陸事句：見《淮南子・原道》。被：披。文：刺畫花紋。《說文》曰：「文，錯畫也，象交文。」文身：在身上刺畫花紋。鱗：魚鱗，鱗甲，指魚類，泛指有鱗甲的動物。蟲：昆蟲，蟲子，泛指動物。句意是說，其時到處是水，陸地很少，於是人們披著頭髮在身上刺畫花紋。把自己描繪得像魚類或其它動物那樣。因為在先民們的眼裏，動物不是異類，是人的夥伴。人若把自己描繪得像「鱗、蟲」那樣的話，便能得到它們的同情和保護，而不致受到傷害。這體現了原始繪畫藝術的功利性和真幻結合的特點。

說：

「有物混成，先天地生，獨立而不改，周行而不殆，可以為天下母。吾不知其名，字之曰道，強名之曰大……人法地，地法天，天法道，道法自然。」

在老子那裏，「道」是先於天地存在的一種混沌之物。它獨立地、永恆地做著有規律的運動，它「可以為天下母」，是萬事萬物賴以產生的大本大宗。而美（藝術）呢，是萬物之一，那麼，「道」當然就是產生美（藝術）的「眾妙之門」[2]，所以，法道就成為通往美和美感的必經的途徑。大家知道，在世界美學的早期階段，哲美不分、美哲一體是一種普遍現象，無論是西方的柏拉圖、亞里斯多德，還是中國的老子和莊子，都不例外。因此當老子在此講他那「道」的生成和體用之時，同時他也就是在說美（藝術）的生成和途徑。其所謂「道法自然」的意思呢，便正如他在第三十九章所講的：「天得一以清[3]，地得一以寧[4]，神得一以靈，谷得一以盈[5]，萬物得一以生，侯王得一以為天下貞[6]」那樣，他是說只要天地人等「得一（即法道、得道）」，那麼，它（他）就能獲得無限的生機，進到清明、安寧等等「至樂」的境界，一切便都無不理想完滿，自然、真、善、美也都包括在其中了。

然而老子在講了「人法地，地去天，天法道」之後，卻又講「道

2　「眾妙之門」：見《老子》第一章。意思是說，天地萬物及一切妙理，或一切奧妙、變化產生的總門徑。

3　一：指道。河上公曰：一，無為。道之子也。王弼說：「一，數之始，而物之極也。各是一物之所生，所以為主也。」清：清明。

4　寧：安寧，安處。

5　谷：河谷。盈：充盈，盈滿。

6　貞：正。為天下正：以正天下之意。

法自然」，是不是說「道」就外於「自然」了呢？當然不是。因為
「道」在《老子》書中，多處都在說它既具有「有」，又具有「無」
這樣的兩重屬性。例如第一章所講的：「道可道，非常道；名可名、
非常名。無，名天地之始；有，名萬物之母。故常無，欲以觀其妙；
常有，欲以觀其徼。此兩者同出而異名，同謂之玄[7]（即道）」就是
如此。所以儘管從「無」的方面來看，許多學者都認為老子的「自
然」就是「自己如此」，指萬事萬物沒有人為因素的那種自然而然的
狀態，或者說就是與人為造作相對的「無為」。可是從其具有「有」
的屬性來看，「道」又是先天地存在、獨立而不改、周行而不殆的混
成之物，它本來就存在於大自然，是自然界產生萬物的總根源。故在
老子看來，「道」並不外於「自然」。「道」就是「自然」，「自然」
亦即「無為」，「無為也就是道」，此三者「同出而異名」。「人法地，
地法天，天法道」並非言人、地、天、道層層師法，只是說萬事萬物
皆總歸於「法自然」之義。這是老子以自然為美的「道法自然」說的
關鍵，是他對美的本質認識所作出的哲學概括。而且由於老子的「道
法自然」說，是以「道」、「自然」代替了有意志的天帝，是對殷商
以來人們崇尚、信奉的宗教神鬼、天帝根本上的否定，因而便更加顯
得難能可貴，其歷史意義也是十分值得肯定的。

　　當然，老子的這一命題，後來是由莊子加以繼承、發展，並明確

---

7 此章是《老子》全書的總綱。是對其「道」這一最高範疇本質的論述。道：第一個「道」字，指世界的本源本體
及其發展規律；第二個「道」字，指表述、言說。名：第一個「名」，指表稱第一的「道」的名；第二個「名」
字，指稱謂。意思是說：可以說出來的道，便不是永恆不變的道；可以說出來的名，便不是永恆不變的名。
「無」，指用來稱謂天地之初始。「有」，是用來稱謂萬物之本根。所以常處於「無」，為的是觀察宇宙間變化莫
測的境界（妙）；常處於「有」，為的是觀察天地間事物紛紜的蹤象（徼）。「有」和「無」，名雖不一樣，其實
都是一處來的，都叫做玄（亦即是道）。這就是老子的「道」，既具有「有」，同時又具有「無」這樣兩重性的明
證。

地賦予了天地自然以審美的屬性。如莊子在《天道》篇中說的：「夫天地者，古之所大也，而黃帝堯舜之所共美也」；在《知北遊》篇說的：「天地有大美而不言，四時有明法而不議，萬物有成理而不說。聖人者，原天地之美而達萬物之理」等，便是把「道法自然」的思想更充實地加以具體化，從而對後世的美學思想、藝術理論和藝術實踐都產生了廣泛而深遠的影響。但其最早的源頭仍然是老子的「道法自然」之論。

其它如漢代著名的思想家王充提出的「天道自然」的說法[8]，唐代水墨山水畫創始者張璪首創「外師造化，中得心源」的畫論[9]，大詩人李白最崇尚「清水出芙蓉，天然去雕飾」的詩風，以及明清時期的園林藝術，近代戲劇的表演程序，甚至連當今人們口頭上常說的「順其自然」、「回歸自然」等等，若追溯其初始的濫觴，恐怕都直接或間接地源於老子的「道法自然」這一哲學─美學思想。由此可見它的生命力是何等的強勁！源流是何等的遠長！

不過，由於老子的「道法自然」之論，根本不談人的主觀能動作用，無視人的自覺努力的意義，只強調一切要純任自然，遵從自然，故而它本身就存在著一定的片面性和消極性。這也是我們在肯定其巨大的理論意義和審美內涵的同時，不能不指出的一點。老子的思想是深刻的，但也是複雜的，人們的確不可不察。

---

8 「天道自然」：是王充元氣自然說的重要觀點。《論衡譴告篇》說：「夫天道，自然也，無為。」《自然篇》中也講：「天動不欲以生物而物自生，此則自然也。施氣不欲為物而物自為，此則無為也。」其意思都是說天道是自然無為的。它的意義在於對其時官方宣導的「天人感應」說及宗教唯心主義、神秘主義哲學的批判，後世影響很大。

9 「外師造化，中得心源」：是唐代張璪提出的命題，見《歷代名畫記》卷十。其主旨是說繪畫要師法自然，使萬物的形象進入靈府（胸中），經過陶鑄（創造性的醞釀構思），化為心中的意象。這心中的意象，已非自然形態的物象，所以這時，物在心中，不在耳目。主客體已融為一體，手與心也融為一體，於是畫起畫來便得心應手。這就是「外師造化」和「中得心源」一個統一的過程。

十四

滌除玄鑒
——中國美學史上審美心理虛靜說最早的源頭

老子「滌除玄鑒」這一哲美合一的命題，最初是在《老子》第十章中提出來的。全句原文是：

「滌除玄鑒[1]，能無疵乎？」

譯成今文便是，滌塵除垢，對道進行觀照，能沒有一點瑕疵嗎？其實老子的「滌除」是說洗去人的私欲、雜念等思想上的塵垢。「玄」呢，「玄」就像蘇轍在其《老子解》中所說那樣：「凡遠而無所至極者，其色必玄，故老子常以玄寄極也。」故而玄就是指的「道」。「鑒」通「鑑」，是鏡子。「玄鑒」連起來便是對道的內心觀照。乍一看起來老子所謂的「滌除玄鑒」，很像康德的「審美的快感是⋯⋯不計較利害的自由的快感」[2]（或者叫無利害的自由觀照）一樣。但細思之，又不盡然。

「滌除玄鑒」不僅僅強調無利害的自由觀照，而且作為其認識論

1　玄鑒：《老子》通行本作「玄覽」。覽字係後人不解之誤，應按帛書乙種本的「玄監」為妥。因「監」字即古「鑒」字。「鑒」與「鑑」同，是鏡子。玄鑒即是指對道的觀照。

2　此處引自康德《判斷力批判》中「美的分析」第五節（見《西方美學史》，人民文學出版社，1985年，頁360）。

中的一個重要觀點，首先老子認為一切的觀照，都要進到對於萬物的本體和根源的觀照，才是認識的最高目的和終結目的。這就叫「玄鑒」。如《老子》第一章所講的「常『無』，欲以觀其妙；常『有』，欲以觀其徼」[3]，便是此意。或者說對道的觀照，既要觀其「無」，又要觀其「有」。不然何以此章又接著指出「此兩者同出而異名，同謂之玄」呢！（即「妙」、「徼」都謂之「玄」）

其次，為了實現對道的觀照，他要求觀照者必須先要排除內心的主觀欲念和各種成見，從而保持虛靜空明的心境，才能觀照宇宙萬物的變化和本原。這也是他何以要把「滌除」二字放在首位的緣故。

誠然，這裏老子只是提出了一個觀道的前提條件。至於通過什麼途徑才能實現對道的觀照，他卻沒有具體回答。不過若將《老子》第十六章所說的「致虛極，守靜篤，萬物並作，吾以觀復」聯繫起來看的話，那麼，問題的癥結也就顯露出來了。因為「復」是回來、循環往復的意思，即回到了根本。而「歸根曰靜是謂覆命」[4]，所以「觀復」就是觀照宇宙萬物的根源和本體（也就是觀照「覆命曰常」的「常」，即「常道」之意）。由此可見，第十六章所謂的「達到極度的虛空，保持深度的靜謐，萬物一齊生長，我從中觀察其發展的循環往復」的說法，與第十章的「滌除玄鑒」的基本觀點不但極其相符，而且還有所繼承和發揮。

3　妙：是變化莫測的境界。妙出於自然而歸於自然。「妙」體現了道的「無」的一面。徼：《經典釋文》曰：「徼，邊也。」徼有界限之意，體現了道的「有」的一面。「此兩者同出而異名，同謂之玄。」這正是老子的道同時具有「有」和「無」的特點。

4　覆命：復：循環往復，回到了根本。覆命，即回覆到自然本性。而「覆命曰常」便是說回覆到自然本性就叫常道，永恆的道。

如莊子在其《人間世》中所講的「若一志[5]，無聽之以耳而聽之以心，無聽之以心而聽之以氣。……氣也者，虛而待物者也。唯道集虛。虛者，心齋也[6]」，以及在《知北遊》中所說的「齊汝戒，疏瀹而心[7]，澡雪而精神，掊擊而知[8]」等都強調了對道的觀照，首先要專心一志，排除各種雜念，然後用空虛的心境去直觀，才能把握無限的道的真諦。可見他這種「心齋」（「坐忘」）的審美心理虛靜說，完全是對老子的「滌除玄鑒」和「致虛極，守靜篤」在理論上的直接的繼承和發展。

至於荀子在其《解蔽》中所講的「知道察，知道行，體道者也。虛一而靜[9]，謂之大清明」，韓非子在其《解老》中所講的「思慮靜則故德不去，孔竅虛則和氣日入」，那也是明顯地源於老子的「滌除玄鑒」，或者是和老子的這一命題有著某種血緣關係。

由於老子的「滌除玄鑒」，是要在洗除內心的私欲雜念，保持一個虛靜空明的心境才能觀道，這本身就與審美欣賞完全相通，而且也適合於美的創造。因此，到了魏晉南北朝，許多的美學家便把老子「滌除玄鑒」的認識論，直接引到了文學藝術領域。

如宗炳在其《畫山水序》中所講的「聖人含道應物，賢者澄懷味

5　若一志：若：你。一志：使心志專一，沒有雜念。

6　氣也者五句：意謂，氣是空虛的，空虛便能接納各種事物。但唯有道才能集結在空虛之中，因為道本身也是空虛的，這個空虛便是心齋。空虛才可能得道。

7　齊：通齋。瀹：疏通。而：你。下二句同。

8　澡雪：洗淨。掊擊：打破。意謂拋棄。知：通智。

9　「虛一而靜」：虛：心虛，不要有先入為主的成見。不因已有的認識去妨礙將要接受的認識，這叫做虛。人心生來就是有認識能力的，但不因對彼一事物的認識，而妨礙對此一事物的認識，這就叫一。不讓夢中的想像，和雜七雜八的思考、念頭來干擾你的認識，這叫做靜。所以虛一而靜是認識道的基本準則。其實，它和老子的「滌除玄鑒」一樣，意思也是說要排除一切雜念，保持虛靜的心境才能識道、觀道。

象」[10]，其「澄懷味象」就與老子的「滌除玄鑒」完全相互對應，因為「澄懷」之意就是「滌除」，「味象」之意亦即「玄鑒」。只不過「味象」的「味」不是味覺的「味」，而是一種精神上的愉悅，故屬於審美範疇。而「澄懷味象」則是對審美主客體之間關係的一種概括罷了。

至於劉勰在《文心雕龍·神思》篇中所說的「是以陶鈞文思[11]，貴在虛靜；疏瀹五藏[12]，澡雪精神」[13]，那更是直接把《莊子·知北遊》中的話引了過來，意在強調文學構思「貴在虛靜」，或者說在他看來，虛靜的心境不僅對實現審美觀照是必要的，而且對於進行文學創造的構思也是必要的。其它如唐代的劉禹錫、宋代的蘇軾等，也都有過類似的觀點和看法，這裏就不再一一贅述了。

總之上述種種的說法和主張都源於老子的這一理論，且與由莊子所建立的審美虛靜說有繼承的關係。但是在中國美學史上其最早的源頭，卻仍然是老子的「滌除玄鑒」，這是毫無疑問的。不過應當指出的是，老子的「滌除玄鑒」的命題，雖然有其合理的、積極的一面，甚至還具有開創性的意義，可是，如若認為只要在內心排除了一切私欲、雜念，什麼都純任自然，虛靜無為，甚至做到「及吾無身，吾有何患？」[14]那樣的地步，便可獲得美的愉悅，就能進到一種人生自由的境界，那就很偏頗，很片面，乃至很容易通往消極的歧途，這就不

---

10 宗炳（375-443）：字少文，南陽涅陽（今河南鎮平）人。南朝宋山水畫家。聖人句是說「聖人」把握了「道」，來面對客觀世界，處理實際事務。這是哲學的實用的關係。「賢者」句是說「賢者從自然山水的形象中得到一種愉悅和享受」。這是審美的關係。

11 陶鈞文思：陶：石器，鈞：製石器的轉輪。這裏指醞釀文思。

12 五藏：五臟。

13 澡雪：洗淨、淨化。

14 此處引自《老子》第十三章：句意謂等到我沒有身體時，還有什麼憂患呢？

能不引起人們特別的關注了。因為老子的「滌除玄鑒」畢竟是先秦時代特有的歷史的產物，也有它自身的局限性之所在。

美惡相依
——中國美學史上率先應用辯證觀點來觀察美醜的審美理念

在《老子》第二章中老子有句最精彩、最有趣的名言,那就是:

「天下皆知美之為美,斯惡已;皆知善之為善,斯不善已。」[1]

什麼意思呢?是說天下都知道美之所以為美,就是惡了;都知道善之為善,就是不善了嗎?非也。其實這只是對於古文的一種硬譯理解,並非老子的原意。在老子那裏,天下許許多多事物都是相對而言,相比較而存在,沒有美就無所謂惡(或醜),同樣沒有惡也就無所謂美(善不善同理),所以應當說天下都知道美之所以為美,與美相對的惡(或醜)的概念便產生了,都知道善之所以為善,相對的不善的事物也就出現了。這才是老子美惡相依的真正內涵之所在。不然何以他緊接著說「故有無相生[2],難易相成[3],長短相較[4],高下相

1 　天下皆知二句:斯:此,連詞。那:就。惡:醜。已:通矣,了。二句意謂,天下皆知美之所以為美,醜的概念就產生了;皆知善之為善,不善的事物就出現了。老子的旨意在於說明美、丑(善、不善)對立依存的辯證關係。後面的「有無相生」等六句皆是此意。
2 　相生:相:互相、相對待。生:產生、滋生、發生,也可作轉化解。相生:相互滋生,或轉化。
3 　成:完成、形成、實現。
4 　較:王弼通行本作較,各本作形。其意一致:比較。

傾[5]，音聲相和[6]，前後相隨[7]」呢？可見老子列出這六組相互聯繫的對立概念，其用意正好是對上述關於美善兩個分句的進一步的闡釋和延伸。這是老子應用辯證觀點來觀察美惡的審美理念的充分體現。

當然，老子這一美惡（醜）相依的理念，在德樂一體、美善不分的先秦時代，他率先將美善作出如此明確而肯定的區別，使得「美」這一概念在區別中顯示了自己的規定性，並第一次成了一個獨立的美學範疇，其意義是十分重大的。然而更為值得稱道的，卻是其在第二章論證「聖人處無為之事，行不言之教」[8]的過程中，所闡發出來的辯證思想和對立統一的藝術規律。這種「有與無相互滋生，難與易相互形成，長與短相互顯現，高與下相互傾斜，前與後相互接隨」的辯證思想和原則，不僅能夠通往審美欣賞，而且還完全適用於美和藝術的創造。所以無論是詩歌、小說、戲劇，還是音樂、舞蹈、繪畫、雕塑、建築等等門類的作品的創造，幾乎無一能逃此例。

不是嗎？就拿「有無」來說吧。大家知道，「有」與「無」是一對相互聯繫，相互作用，相互依存的矛盾的範疇。當人們建築一座房屋，門窗、牆壁是「有」；而門窗、牆壁圍起來的空間便是「無」。老子說：「當其無，有室之用[9]」，人們用的正是這個房間裏的「無」，這不就是「有無相生」嗎？其它如中國畫的「以白當色」，話劇裏的「潛臺詞」，音樂中的「絕響」和「此時無聲勝有聲」的「停

5　傾：斜。《說文》曰：傾：仄也。仄，傾也、斜也，頭傾也。
6　和：和諧、協調。
7　隨：接著、隨即、跟隨。
8　聖人二句：聖人，是老子理想中「與道同體」的高層次典範性的人物。句意謂：聖人用無為而治的觀點來對待世事，用不言的方式施行教化。
9　見《老子》第十一章。句意謂，房屋中的空虛之處，才是人們用來居住的空間。

頓」，不都是「有」與「無」相互作用、相互生成的結果嗎？至於講究形體、佇列變化的舞蹈，注重造型多姿的雕塑，以及歌曲、書法、工藝等等，那更是離不了「高下相傾」、「長短相較」、「前後相隨」和「難易相成」等原則的制約。

所以說美惡相依的審美理念，及其對立統一的藝術規律所體現的豐富的辯證思想，是老子對中國古代文化的一大貢獻，不僅對後世的藝術實踐有著指導意義，而且對後來的美學思想、藝術理論也產生了長遠而深刻的影響。不過，應當指出的是，由於老子哲學的最高範疇是「自然無為」，他主張一切因任自然，對待美醜、善惡、成敗等採取了一種超然的態度，對於如「正復為奇，善復為妖」這類矛盾事物的轉化，往往抽掉了鬥爭的內容和人的主觀作用，因此他的辯證思想中也包含了一定的消極性。這也是人們在談論其巨大的貢獻和積極的意義時決不可予以低估或忽視的。

知者樂水，仁者樂山
——中國美學史上最早、影響最大的以物比德的審美觀

在《論語・雍也》篇中孔子[1]談到了一句關於欣賞自然美的名言：

「知者樂水[2]，仁者樂山[3]。」

這句話曾被後世廣泛地闡釋和發揮，並形成了「比德」的理論。甚至經過多年的發展演變，在當今人們的口頭上還時常有所謂「見仁見智」的說法，可見其影響是非常之大的。

然而知者何以樂水，仁者何以樂山呢？孔子卻沒有具體的闡說。只是在其後原則性地講：「知者動，仁者靜；知者樂，仁者壽。」看來，這大概就是孔子對問題的解答了。因為這其中所說的「動」與「樂」，「靜」與「壽」，分明既是指「知者」和「仁者」的本質屬性，

1 孔子（前551-前479），名丘，字仲尼。春秋時魯國陬邑（今曲阜）人。儒家學派的創始人。中國古代偉大的思想家、教育家。他的學說對中國乃至整個世界都有著不可估量的貢獻，其影響至今在全球仍呈發展趨勢。
2 知：在《論語》中「智」都寫作「知」。全書一百一十一個知字，除了作動詞的知外，作名詞使用的「知」（即「智」）都源於求知、好學的品德，因而也同樣具有倫理道德的色彩和屬性。
3 仁：《論語》中「仁」有很多解釋。如「仁者愛人」，「泛愛眾」，「能行五者（恭，寬，信，敏，惠）於天下為仁」等。簡言之，「仁」是指有仁德的君子。

又是在表「水」和「山」的某些特徵。故而孔子的上述解答，可以說實際上已經把人和山水的某些相似點聯繫起來，作出了審美的類比。可是我們知道，在孔子的詞彙裏，「仁」是屬於道德範疇的概念，「知」在《論語》中作為名詞使用，又都源於求知、好學的品德，因而也同樣具有倫理道德的屬性。由此觀之，最初由孔子提出的「知者樂水，仁者樂山」這一命題，正如朱熹所講的那樣，原來因為「知者達於事理而周流無滯，有似於水，故樂水；仁者安於義理而厚重不遷，有似於山，故樂山」。那麼，毋庸贅述，孔子的這段話明顯地具有如下的兩層意思：

首先，所謂的「知者樂水，仁者樂山」，從表面上看似乎是說，知者從水的形象看到了與自己的道德品質相通的類似特點（動、樂），而仁者從山的形象看到了與自己道德品質相通的類似特點（靜、壽），（動、樂）所以才「樂水」，（靜、壽）所以才「樂山」。這也就是說，在孔子看來，精神品質不同的人，對於自然美的欣賞是各有所愛，是有差異性的。自然物能否成為人的審美對象，最終取決於它是否符合（類似）審美主體的道德觀念。這便是孔子以物比德的審美觀的第一層含義。

其次，按照上述說法，自然美就不是純客觀的東西，它還包含有審美主體的思想意識、聯想和想像。這就像車爾尼雪夫斯基所說的那樣：「構成自然界的美的是使我們想起人來（或是預示人格）的東西。自然界的美的事物，只有作為人的一種暗示才有美的意義。」[4]或者說只有當自然物的某些特點與人的道德觀念、意識形態有著類似

---

4 車爾尼雪夫斯基：《生活與美學》（北京市：人民文學出版社，1957 年），頁 10。

的地方，人們才能在欣賞自然美時，把它們聯繫起來以物比德，作為一種象徵，從而獲得一種美的愉悅，才能產生所謂的「樂」。這是孔子審美觀的又一層意義。

總之，以物比德的現象，在孔子之前，《詩經》中已大量地出現過，但它只是詩人審美意識在作品中的一種反映，並未形成理論形態的東西。吳季札觀周樂為之歌《衛》、《大雅》時，他所評論的「武公之德」、「文王之德」[5]等雖屬理論範疇，也早於孔子，可那只是其時美善不分、德樂一體的一種必然的說法，其中也沒有涉及自然物之特點，與人的道德觀念的聯繫和類比。而在孔子之後，情形就大不相同了。不僅孔子提出的「知者樂水，仁者樂山」這一美學命題，被後來的荀子、孟子、劉向以及《韓詩外傳》、《春秋繁露》等廣泛地引用解讀和發揮，而且歷代許多文人學者，還按照這種以物比德的審美觀去欣賞自然物，按照這種審美觀去塑造自然物的藝術形象。屈原的《桔頌》，國畫中的四君子——梅、蘭、竹、菊等等都是如此。說孔子的這段話在中國美學史、藝術史上，是最早、影響最大的以物比德的審美觀，其原因也在於此。

---

5 季札觀樂：參見本書第六篇。

十七

「文質彬彬」與「盡善」、「盡美」
——先秦時期獨特的、極具開創意義的美善統一的審美觀

　　我們知道，在人類早期的審美認識中，美與善常常是混為一體的，無論是西方古希臘時代的蘇格拉底、亞里斯多德，還是中國春秋時期的吳季札和伍舉等都是如此。他們往往不是把善看成是美，便是乾脆把美當做是善。譬如伍舉說的「上下，內外、小大、遠近皆無害焉，故曰美」[1]，亞里斯多德講的「美是一種善，其所以引起快感正是因為它是善」[2]，便是明顯的佐證。可是到了孔子這裏，他卻在理論上率先把美和善作出了明確的區分，並在這種區分的基礎上，提出藝術只有把美、善統一起來，才能有真正的、理想的美和美感的見解。這種區分的意義就十分重大了。

　　例如《論語‧八佾》篇中記載：「子謂《韶》[3]：『盡美矣，又盡善也。』謂《武》[4]：『盡美矣，未盡善也。』」這充分表明，春秋前期，基本上處於美善不分的審美認識，到了春秋末期發生了重

1　參見本書第一篇。
2　《西方美學家論美和美感》（北京市：商務印書館，1980 年），頁 41。
3　《韶》：舜時樂曲名，歌頌舜。舜因為品德高尚由堯禪讓而登帝位，所以孔子認為是「盡善」。
4　《武》：周武王時樂曲名，歌頌武王。由於武王是以武力討伐而得天下的，所以孔子以為「未盡善」。

大變化。這不僅標誌著美善同義這一傳統觀念的瓦解，同時也表明美與善的區分是同形式和內容的區分聯繫在一起的。孔子對《韶》樂和《武》樂作出不同的評論，通常認為是：由於《韶》樂表現了舜以其聖德受禪，故而「盡善」；《武》樂表現了武王用武力才取得天下，所以未能「盡善」。這個評論在政治上、軍事上都明顯地有著一定的歷史局限性，可是從美學的角度來看，其意義和價值卻極為巨大。因為在這一評論中，他空前地展示了美善關係的一種嶄新的認識，即美和善是兩個不同的範疇。一方面，美不是善的附庸，它不但有其相對的獨立的審美屬性，而且它還具有能夠給人以審美的感性愉悅和享受的形式特徵。這從《述而》的記載中可得到證明：「子在齊聞《韶》，三月不知肉味。曰：『不圖為樂之至於斯也』[5]。」另一方面也表明，所謂的「善」，其基本屬性是指它的思想品質和內容。雖然有時孔子也把善看成是美的前提或根本（如《八佾》篇中所說的「人而不仁，如樂何？」那樣），然而他並不否定美相對於善的獨立性，和美不同於善的重要性。所以他才給予《武》樂以「盡美矣」的評價。

由此可見，在孔子那裏，美只要是沒有和善發生根本上的矛盾（即它不是惡或邪），那麼，在他看來「未盡善」的東西，也可以是「盡美」的；而「盡美」的東西，則不必一定「盡善」，這與其在《為政》篇中用「思無邪」三字來概括《詩三百》的看法，是完全一致、一脈相承的。孔子提出的是一種極其寬泛的藝術主張。

當然，孔子的這一則評論，除了把美、善作出了明確的區分之

---

5 這段話的意思說：孔子在齊國聽到《韶》樂之後，很長時間嘗不出肉的味道。於是說：「想不到欣賞音樂竟到了這種境界。」

外，最重要、最獨到之處，還在於他提出「盡美矣，又盡善也」的這一美、善統一的審美理念。因為在他看來，美不是單純地服從於善，「盡善」也並不等於「盡美」，故而美善只有統一起來，並達到最完滿的結合，才是最極致、最崇高的審美境界，從而也才能最終地實現「仁」的理想。

這便是孔子美、善有別而又必須統一的「盡善」、「盡美」觀比季札等人的認識更高明更深刻的地方，也是孔子在這一問題上所作出的一種歷史性的貢獻。

此外，美與善的統一，在一定意義上也就是形式和內容的統一，而形式和內容又和一個人的「文」與「質」密切相關，所以孔子又提出「文質彬彬」的命題來進一步加以闡釋和論證。這就更加說明孔子美善統一的審美觀是「一以貫之」的理論體系，而不是游離於其以「仁」為核心、以「中和為美」思想之外的隻言片語。

孔子在《雍也》篇裏說：「質勝文則野[6]，文勝質則史[7]。文質彬彬[8]，然後君子[9]。」其道理講得十分明確。一方面在孔子看來，質不能勝文，一個人的倫理、品質如果勝過他的文飾、文采，就顯得粗野；另一方面文也不能勝質，一個人的文飾、文采勝過他的倫理、品質，那又顯得過於虛浮。怎麼辦呢？孔子的結論是只有「文質彬彬」即文與質和諧統一搭配適當，才能是個君子——是一個完美的、

6　質：實體、素質、品質。此處指人的思想素養、倫理品德。文：華美、文采。此處指人的文飾和外在的形式。野：野人，指鄙陋、粗野。

7　史：在官府掌管文書的人，此指浮華虛誇。

8　文質彬彬：彬彬：形容不同種類的物質搭配適當。文質彬彬：意謂文飾和品質搭配適當，形式和內容和諧統一。

9　君子：指孔子心目中理想的倫理道德完美的仁人。

理想的仁人。

這又是孔子「無過無不及」的中庸之道在其審美領域裏的具體反映（屬於「中和之美」的一種表述），同時也是對「盡善」、「盡美」說的直接的解讀和延伸。

當然，需要補充一點的是，孔子所謂的「文」，含義很寬泛、多樣，包括言行、容色、生活各個方面，就像司馬光所說的「古之所謂文者，乃詩書禮樂之文，升降進退之容，絃歌雅頌之聲」[10]那樣，不但是從社會或個人的修養來說，這個「文」明顯地包含有感性形式美的意義在內。而所謂的「質」，孔子說得就較為直接、明顯了。比如在《衛靈公》中孔子曾說「君子義以為質」；在《顏淵》中他又講「夫達也者，質直而好義」。不難看出，「質」主要指的是人內在固有的思想素質和倫理品德。所以，「文」和「質」的統一（即「文質彬彬」），實質上是美和善的統一，也有美的形式和善的內容相統一的意思。而「盡美矣，又盡善也」，則是指美善結合的一個更高的層次，要求美善統一，要達到一個完美的、理想的極致。

總而言之，孔子的這一審美觀在中國美學史上，意義非常巨大。它不但直接影響後來的儒道墨法各家對美的本質的認識，又為歷代許多思想家、藝術家所認可和繼承，而且直至今天，以美善兩個尺度，從形式到內容的區別和聯繫進行審美評論的方式，還依然為人們所廣泛地應用。

---

10 見司馬光《答孔文仲司戶書》，《溫國文正司馬公文集》卷六十。

興於《詩》，立於禮，成於樂
——中國美學史上第一個系統的美育理論

　　大家都知道，孔子是儒學的一代宗師，又是中國歷史上第一個把教育從貴族階級那裏普及到民間來的偉大教育家。他的教育思想非常豐富而且極其深刻，其中有的名言至今仍然被人們所引用和借鑒，可見其生命力之強大。然而特別值得書寫一筆的，卻是他具有開創性的美育思想，是他認為審美和藝術對於人的思想情感、精神境界的提高和昇華具有特殊作用的一些精闢的論述。例如：子曰：「興於《詩》，立於禮，成於樂。」（《泰伯》）就是他極具代表性的觀點和主張。他說的是什麼呢？

　　一、所謂的興於《詩》，就是何晏《集解》引包咸注所說：「興，起也。言修身先當學《詩》。」在孔子看來，一個人要成為有特定教養的、道德上完美的人（即所謂的「仁人」、「君子」），他首先就要學《詩》。因為，「不學《詩》，無以言」[1]（《季氏》），「人而不為《周

1　不學《詩》，無以言：從字面上看這句話是說不學《詩》就不會講話。但從春秋時期「賦詩斷章」已成人們崇尚的禮文風尚，在外交、為政、宴享或闡明某種事理時，人們都喜歡引詩賦詩來藝術地表達自己志意這一時代背景來看，孔子這句話的意思是說，一個人若不學《詩》、不懂得運用其時的這種「外交辭令」來應酬交往，他就很難在社會上立身處事。

南》、《召南》，其猶正牆面而立也與」[2]（《陽貨》）。更為重要的是，這個「興於《詩》」的「興」，與《陽貨》篇中講的「《詩》可以興」的「興」，意思完全相通，二者都具有「感發志意」[3]、「引譬連類」[4]和「蕩滌其濁心」[5]的作用。換句話說，即詩歌可以使欣賞者的精神感動奮發，使讀者的思想情感得到陶冶、淨化和昇華。因此基於對藝術具有如此特殊作用的認識，孔子才把「興於《詩》」放在首位，作為其美育（藝術教育）的第一步。

　　二、學《詩》之後便是「立於禮」。「立於禮」，簡單地說就是學禮，立足於禮。因為孔子認為「不學禮，無以立[6]」（《季氏》）。故第二步便要求以禮來為人、立身、處事。這個「禮」，既不是「夏禮」也不是「周禮」，應該說是經過孔子「損益」改造後的「孔禮」。當然，孔子沒有為「禮」下過概括性的定義，但他卻講過「人而不仁，如禮何？人而不仁，如樂何？」（《八佾》）可見在他的心目中，「仁」是「禮」的前提。一個人如果沒有仁愛之心，怎麼談得上「禮」和「樂」呢？並且孔子在《陽貨》篇中還講過：「禮云禮云，玉帛云乎哉？樂云樂云，鐘鼓云乎哉？」這也是說，「禮」「樂」不在於形式，不在於器物，而是在於其本質。其本質是什麼？其本質就是孔子思想的核心，是他最高的理想——「仁」。沒有「仁」就談不上「禮」，也談不上「樂」。所以說，「立於禮」的終極目的還是要立於「仁」。

2　人而不為句：《周南》、《召南》是《詩經·國風》中兩首詩的篇名。句意謂一個人若不學《詩》就像面對牆壁貼身站立，一物不可見，一步不可行。

3　感發志意：朱熹對「興」的解釋。見朱熹《四書章句集注》。

4　引譬連類：孔安國對「興」的看法。

5　蕩滌其濁心：王夫之語，見《俟解》：「聖人以詩教以蕩滌其濁心，納之於豪傑而後期之以聖賢。此救人道於亂世之大權也。」意思是說「興」就是指詩歌，對人的靈魂可起一種淨化的作用。

6　不學禮，無以立：立：立足，立身。禮：古代的行為準則和道德規範。句意謂不學禮，便沒有在社會上立足的依據。

三、知道立於「禮」也就是要立於「仁」這個道理之後怎麼辦呢？孔子說：「知之者不如好之者，好之者不如樂之者。」（《雍也》）意思是說：（對於學禮求仁）「懂得它的人，不如愛好它的人。愛好它的人，不如以它為樂的人」。因此要讓人自覺地樂於去學禮求仁，最好、最可行的辦法就是「成於樂」。因為音樂可以陶冶人的思想情感，按劉寶楠的說法是：「樂以治性，故能成性。成性亦修身也。」（劉寶楠《論語正義》）所以孔子把「成於樂」作為其美育三部曲的完成階段，其目的就是要通過學樂來培養造就一個完全的人——「成人」，或者叫成德之人。這才是孔子「成於樂」真正的含義。

　　總之，「興於《詩》，立於禮，成於樂」是孔子教育思想的一個重要的組成部分，同時也是孔子推行其仁道的一項獨特的舉措。他的目的是要通過感奮於《詩》，立足於「禮」，完成於「樂」，將《詩》、「禮」、「樂」融為一體，從而在感性的愉悅中使人受到薰陶、教養，使人成為道德上完美的仁人「（君子）」。比起古羅馬詩人賀拉斯著名的「寓教於樂」[7]之說來，孔子的思想要深刻得多、豐富得多，而且在時間上也早了幾個世紀。所以，在一定意義上可以說，孔子的這一思想，不僅在中國歷史上是最早、最完整的美育理論，而且在世界美學史上恐怕也是開先河的美育主張。當然，它對後世的藝術教育影響是很大的。無須枚舉，人們只要看一看戰國時期荀子在其《樂論》中說的「夫聲樂之入人也深，化人也速，故先王謹為之文」，讀一讀

7　寓教於樂：公元前一世紀古羅馬著名詩人、文藝理論家賀拉斯在其《詩藝》中提出的美育觀點和主張。他要求「詩人的願望應該是給人益處和樂趣。他寫的東西應該給人以快感，同時對生活有幫助」。總之，「寓教於樂要既勸諭讀者，又使他喜愛」。

近代著名的美育家蔡元培先生所寫的《以美育代宗教》[8]的文章，它的影響力、在美學史上的意義、分量也就不言而喻了。

　　誠哉！「仁言不如仁聲之入人深也！」[9]這話的確講得很有道理。

8　1917 年蔡元培發表講演，題目就是《以美學代宗教說》。1930 年和 1932 年他寫了兩篇文章，題目叫做《以美育代宗教》，中心意思都是強調三點：（一）美育不能受宗教的限制，（二）美育要隨時代進步，（三）美育要在一切人中普及。之後直到 1940 年去世，蔡元培都不斷地寫文章做講演，大力提倡美育。

9　見《孟子‧盡心上》。

「興」、「觀」、「群」、「怨」
——先秦時期精闢全面的詩歌藝術功能說

　　在春秋時期，人們對於詩歌藝術功能的認識，雖然已經從過去的巫術觀念（祭祀鬼神、天帝）的束縛下解放出來，轉向了政治、社會功能，從而出現了「言志」[1]、「美刺」[2]、「觀風」[3]等眾多說法，但這些畢竟是一種初步的、簡單的、零散的審美理論。孔子則把前人的言論進行了總結性的繼承和改造，進而提出自己獨特的見解，形成了對詩歌藝術功能具有歷史意義的全面概括。這便是孔子在《論語‧陽貨》篇中對他的弟子所講的那段著名的談話：

　　「小子何莫學夫《詩》？《詩》可以興，可以觀，可以群，可以怨；邇之事父，遠之事君；多識於鳥獸草木之名。」

1　言志：詩歌藝術功能說之一。它最早見於《尚書‧堯典》：「詩言志，歌永言……」和《左傳》襄公二十七年鄭伯享趙孟於垂隴之時，趙文子所說：「詩以言志。」意思都是說，詩歌是用來表達作者思想情感的。

2　美刺：詩歌藝術功能說之一。最初散見於《詩經》中，如《魏風‧葛屨》中的「維是褊心，是以為刺」，《大雅‧民勞》中的「王欲玉女，是用大諫」，《大雅‧崧高》中的「吉甫作誦，其詩孔碩。其風肆好，以贈申伯」，以及《國語‧晉語六》所記載的，古之王者「使工誦諫於朝，在列者獻詩，……有邪而正之」。這些都表明，人們在很早的時期就認識到詩歌對於人物、政治可以進行諷刺或讚美的作用，只是到了後來《詩大序》才把它發揮成為「美刺說」而已。

3　觀風：詩歌藝術功能說之一。最初見於《國語‧周語上》記載的召公諫勵王使衛巫監謗道：「為川者決之使導，為民者宣之使言。故天子聽政，使公卿至於列士獻詩，瞽獻曲，史獻書……而後王者斟酌焉，是以行事而不悖。」後來《禮記‧王制》篇中講：「歲二月，（天子）東巡守，至於岱宗，……命大師陳詩以觀民風。」從作詩的角度來看，那是「言志」或「美刺」，但從誦詩、聽詩的角度來看，那就是「觀風」或「觀志」了。

我們分別來看：

「興」，朱熹說是「感發志意」、「託物興辭」；孔安國的解釋是「引譬連類」；王夫之認為是「蕩滌其濁心」。把這些解釋聯繫起來，「興」的意思就是說，詩歌可以使欣賞者的精神感動奮發，或者說它可以使讀者的思想情感得到陶冶、淨化和昇華。

「觀」，鄭玄說「觀風俗之盛衰」，朱熹的解釋則是「考見得失」，總之是說通過詩歌可以觀察、瞭解社會生活、政治風俗的得失盛衰。此外，「觀」還有一層意思是「觀志」，就是從詩歌的內容可以看出詩人的作詩之志和誦詩、引詩者的引詩之志。

「群」，孔安國注：「群居相切磋」，朱熹說：「和而不流」，意思是說詩歌可以在社會的人群中起到交流思想情感，提高修養素質，從而使社會能夠保持和諧穩定的作用。

「怨」，孔安國解釋是「怨刺上政」。其實，怨亦不必專指上政，凡是對現實生活（包括政治風俗等）表示一種帶否定性情感的，都屬於「怨」。「可以怨」就是說詩歌可以引起讀者的一種情感的態度或傾向。

此外，按孔子的說法，詩歌還可以用其中的道理來侍奉父母，侍奉國君；還可以讓人從中認識許許多多自然界中鳥獸草木的名稱。在先秦時期，孔子的這一段談話的確可以說是最為全面的詩歌藝術功能的一種理論表述。

但綜合起來看呢，所謂的「興」、「觀」、「群」、「怨」，其內涵

就不那麼簡單了。

第一，這四者之間的關係，如王夫之所說的那樣，「於所興而可觀，其興也深；於所觀而可興，其觀也審。以其群者而怨，怨愈不忘；以其怨者而群，群乃益摯。」（《薑齋詩話》卷一）這就是說，在孔子那裏，「興」、「觀」、「群」、「怨」是不可分割的，它們是一個相互聯繫、互為作用的統一整體。

而孔子把「興」、「觀」、「群」、「怨」四者並提，則更加說明在他的心目中，詩歌藝術的欣賞活動（即美感活動），不僅是一種感性活動，而且也包含了理性的內容；不僅是認識活動，同時又是一種情感活動；不單是被動的欣賞，同時也是主動的抒發；雖是單個的個人活動，在本質上又是一種社會性的活動。

第二，孔子把「興」放在「興」、「觀」、「群」、「怨」的首位，這表明在他看來，「興」是最為重要的，是其詩歌藝術功能說的靈魂和核心，統帥著「觀」、「群」、「怨」。在四者的關係中，一方面「觀」、「群」、「怨」都離不開「興」。離開了「興」，就失去了「感發志意」的藝術作用和特點，就成了單純的說理或教訓。另一方面，把「興」放在首位，更突出了「興」在詩歌藝術欣賞中作為一種美感活動最關鍵的意義——即詩歌對人精神總體上產生的感發、激勵、淨化和昇華的作用。這是孔子詩歌藝術功能說中最為精闢的部分。

以「興」為首的「興」、「觀」、「群」、「怨」說的出現，對後世的美學、文學、藝術都產生了巨大的影響，形成了一種普遍重視詩歌「感發志意」作用的優良傳統，對當代詩歌藝術的發展也都有著很強的現實意義和借鑒價值。

思無邪
——先秦時期最精鍊、最寬泛的審美標準和文藝綱領

大家知道，孔子在談到對《詩經》的看法時，曾講過一句言簡意賅的名言，那就是：「《詩》三百，一言以蔽之，曰：『思無邪』。（《論語·為政》）

但是，究竟什麼是「思無邪」？何以一個「思無邪」便可將《詩》三百，一言以蔽之了呢？孔子卻沒有任何正面的闡述，甚至連孔子的弟子們也沒有誰有過具體的解釋和說明。因此後人對此便只好各依其據各言其是了。

粗略地檢索一下，孔子對《詩經》的這一看法，自漢以來至今，有文字記載的各種解說、詮釋有二三十種之多。其中有代表性的說法是：

一、何晏的「無邪歸於正」說（見何晏《論語集解》引包咸注）。

其中包括劉寶楠的「大抵歸於正」說[1]、楊伯峻的「思想純正」說[2]
等。

二、朱熹的「讀詩之法」說。在《文集》中朱熹說:「彼雖以有
邪之思作之,而我以無邪之思讀之」,楊大受在其《四書講義切近錄》
中也講:「此章直指讀詩之法。重思無邪,更重思字,不重知要。」
等。

三、張戒的「刪詩標準」說。如其《歲寒堂詩話》說:「詩者,
志之所之……其正少,其邪多,孔子刪詩,取其思無邪者而已。」

其它如許慎(包括當今有些學者),他們與朱熹、張戒的觀點一
樣,都認為《詩經》中的作品「其正少,其邪多」,許多的詩都是有
邪的。許慎在其《五經異義》中,朱熹在其《詩集傳》裏都曾經指出
過:《詩》三百有不少「說婦人」的「淫聲」、「淫詩」。可見他們對
孔子的「思無邪」說,在內心深處都是反對的、不滿意的。但他們又
不敢對「至聖先師」明目張膽地來加以駁斥,於是只好用「讀詩之
法」等,來迂迴地表達他們的意見。這實屬一種無奈之舉。

其實一部《詩經》是否有邪,固然張三有張三的看法,李四有李
四的觀點,但是這裏談的是孔子,是孔子的見解和審美觀,與他人無
涉。因此搞清孔子的人生經歷和他一系列的論述,與《詩》三百的本
質屬性之間是否有必然的內在聯繫,這才是問題的關鍵。

---

1 劉寶楠在《論語正義》中說:「思無邪者,此詩之言。詩之本體,論功頌德,止僻防邪,大抵歸於正,與此一
  句,可以當之也。」認為無邪就是指思想純正而不歪邪。
2 楊伯峻《論語譯注》中說:「『思無邪一語本是《詩經・魯頌・駉》篇之文,孔子借他來評論所有詩篇。思字在
  駉篇本是無義的語首詞,孔子卻引它當思想解,自是斷章取義。」接著他把這句話翻譯為:「詩經三百篇,用一
  句話來概括,就是『思想純正』。」

我們知道，孔子是儒家的一代宗師。他思想的核心是「仁」。《中庸》曰：「仁者，人也。」《論語》中也說「仁」是「愛人」、「泛愛眾」。按郭沫若的說法，「仁」就是要「把人當成人」[3]。那麼，孔子在耳聞目睹了當時各國人民群眾常常處於橫征暴斂的苛政統治之下，到處是「道殣相望」、「野有餓殍」的情況，他提出的以「仁」為核心的一系列人本主義的主張，例如「節用而愛人，使民以時」（《學而》）、「修己以安百姓」（《憲問》），以及「博施於民而能濟眾」（《雍也》）等，就不能不說是非常開明的，很有遠見的思想，是春秋時代人的覺醒，人民性思潮的集中反映了。

所以《詩經》中諸如《十月之交》、《雨無正》、《桑》、《柔》、《板》、《蕩》等揭露鞭撻統治階級的刺作，孔子怎能說它們是「有邪」的呢！

在政治方面，孔子曾嚴肅地警告國家的統治者說：「其身正，不令而行；其身不正，雖令不從。」（《子路》）在《為政》篇裏他也講過：「舉直錯諸枉，則民服；舉枉錯諸直，則民不服。」[4]可是當時一些統治者卻偏喜聽信姦佞，重用小人，以至昏庸腐敗，身 國亡。如此面對《詩經》中眾多「勃爾俱作，怨刺相尋」[5]的詩歌，孔子哪裏會斥之為「有邪」之作呢？

---

3 見郭沫若《歷史人物·屈原研究》。

4 舉直句：舉：舉用、提拔。直：正直。錯：通措，放置。諸：之於，在它的上面。枉：邪曲、不正。全句是說提拔正直的人（把他們）安置在邪曲小人的上面，老百姓就服從。反之，把邪曲的小人安置在正直人的上面，老百姓就不服從。

5 鄭玄《詩譜序》：「後王稍更陵遲……自是以下，厲也，幽也，政教猶衰，周室大壞。《十月之交》、《民勞》、《板》、《蕩》勃爾俱作，刺怨相尋。」意思是說周王朝衰落之後，如《十月之交》等揭露鞭撻統治階級，反映群眾強烈不滿的詩作突然興起，許多國家紛紛出現了類似的刺詩、怨詩。

在經濟方面，孔子主張輕賦稅、反聚斂，要求「使民以時」。當季氏的財富已超過周公，而冉求還要去幫他向人民搜刮時，孔子大動肝火地說：「（冉求）非吾徒也，小子鳴鼓而攻之，可也。」（《先進》）這與《詩經》中的《七月》、《大東》、《伐檀》、《碩鼠》等詩，在反對統治者對人民的殘酷剝削上，不又是息息相通的麼？

此外，孔子認為人的多方面的欲望和情感的滿足，是合乎其「仁」之原則的。他雖然生活在春秋時期，但孔子的思想中還保存著許多氏族公社形成並殘留下來的戀愛觀和原始人道主義的傳統。因而對《詩經》中的男女之愛，或因貧苦徭役婚姻不幸等而引起的怨刺之作，孔子都給予極大的同情和理解，認為是「無邪」之作。

總之，正如劉勰所說：「三百之蔽，義歸無邪。」[6]孔子的經歷、論述與其「思無邪」說，的確存在著必然的內在聯繫，在邏輯上是能夠成立的，完全是他發自內心的真實的認同和肯定。而且孔子之言「思無邪」是他長期研究《詩經》、研究社會及人生體驗的結晶，充分表達了他對《詩》三百總體上的認識和評價，中心意思呢，是說《詩》無邪，沒有邪僻。

但是，言《詩》無邪是否就必然要「歸於正」呢？是否就如楊伯峻所說的「思無邪」就是「思想純正」呢？那也未必。答案還需進一步探究。

因為世界上的萬事萬物「有象斯有對」，「有對斯有中」，就如上、中、下，黑、白、灰的關係那樣，「世界本來是三分的。中間和

6　劉勰《文心雕龍·明詩》篇。

兩端本是相比較而存在，經指認而得名的」[7]。而孔子的「思無邪」說，又是建立在「吾行五者（恭、寬、信、敏、惠）於天下為仁」、「寬則得眾」（《陽貨》）基礎上的一種審美主張。所以「無邪」並不就等於「正」。而且我們從詞語的感情色彩上來看，也同樣可證明此點。因為「正」是一個褒義詞，「邪」是一個貶義詞，這是誰都清楚的。可是，那不褒不貶的詞語又是什麼呢？不是那個介於「正」、「邪」之間的「中」字麼？

「中」其實不是別的，在孔子的哲學里正是他講的「無過無不及」，「執其兩端而和其中」的「中」；在美學上則是他一貫宣導的「中和之美」。如「樂而不淫，哀而不傷」之類的詩歌，或者如《詩經》中那些描寫生產、記載部族歷史的知識性、文獻性的作品等。所以在「正、中、邪」這一組三分關係之中，孔子對文藝作品的創作和評價，要求的僅僅是有「正」，有「中」，而不要有「邪」。這確實是先秦時期的一種最寬泛的審美標準和文藝綱領。

孔子所說的「《詩》三百，一言以蔽之，曰：『思無邪』」，又是其時盛行於世的「引詩言志」、「斷章取義」的禮文風尚，是他將《魯頌·駉》詩卒章中的「思無邪」，引用過來表達其對《詩經》總體上的評論，那語言效果就比直話直說要藝術得多，而且含義還豐富得多。一方面人們對孔子的這一評論，既可解讀為：《詩經》三百

---

7 引文出自 2000 年《文史哲》第四期，龐樸《中庸與三分》一文。「有象斯有對」：意謂世上萬事萬物的聯繫是此一事物和彼一事物的相反相成的聯繫，如白天不是黑夜，但沒有黑夜便沒有白天。反之亦然。故白天和黑夜是相反相成的一種質的聯繫，也是彼和此的一種對立。「有對斯有中」：是說兩種事物顯現為質的對立的同時，它也就必然地存在著一條由此達彼的，逐步遞增或遞減的某種量的連線。而有了量的連線，它自然便有了一個可以測量的中點，或中間階段。於是便有一個相對於兩端的中。如從上到下有中，從左到右有中一樣。所以說世界上萬事萬物都本來是三分的。

篇，用一句話來概括，那就是它每篇都不壞，沒有邪惡。同時因其時「賦詩斷章」都必須有其「相似點」的共同規律，所以人們又可以充分發揮自己的想像和聯想。從《為政》中所說的「思無邪」到《駉》詩中的「思無邪」，從詩中描寫的眾多良馬的高大雄健（「駉駉牡馬」）[8]，皮毛博雜，色彩斑斕（「有驈有皇」、「有騅有駓」）[9]，善駕各種車輛，跑得很快（「以車彭彭」、「以車伾伾」，「以車繹繹，」）[10]），加之它們還能善走遠行（「思馬斯徂」[11]）等，這些馬的才力特質，進而聯想到《詩經》的作者眾多，人才濟濟，題材廣泛，形式多樣，以及由於內容豐富真實思想無邪，因而能流傳後世　，等等。這就更加顯現了孔子斷章取義的藝術已經達到了爐火純青的境界，是十分令人歎服和敬仰的。

至於說到精鍊，孔子對一部內容非常豐富，時間跨度很長，且涉及面又廣的古代詩歌總匯的評論，僅用了「思無邪」三個字，而「思」字還是個語氣助詞，以兩個字幾乎成了《詩經》的定評，並成為後世評論詩歌所推崇的標準，這在中國歷史上是獨一無二的。

此外，由於孔子認為「不學詩，無以言」（《季氏》），「人而不為《周南》、《召南》，其猶正牆面而立也歟」（《陽貨》），因而他的這一「思無邪」說的意義，就不僅是對《詩經》的思想內容、作者的創作情感、動機等，作出了正面的概括和肯定性的評價，而且也進一步地強調了《詩經》的可讀性和實用性，為人們學詩、為政、交際之

8　「駉駉牡馬」：馬肥壯的樣子。牡：雄性的鳥、獸，與「牝」相對。句意是說雄健高大的駿馬。

9　驈：音浴，黑馬白股。皇：黃白曰皇。騅：音追，蒼白雜毛的馬。駓：黃白雜毛的馬。

10　以車：駕車。彭彭、伾伾、袪袪：皆言馬強壯有力的樣子。繹繹：通驛，善走，跑得快的樣子。

11　徂：音祖，往也，一直往前。《箋》云：「猶行也。」

需，提供了一定的理論依據，客觀上還對春秋時期「賦詩斷章」引詩言志風尚的廣泛流行，起到了推波助瀾的作用。這一切，都充分說明孔子對《詩經》的這一精闢的評論，內涵非常豐富，對後世的影響也極其深遠。

蕩蕩乎！「思無邪」之義也。

德有所長而形有所忘
——先秦時期怪奇的、非中和的審美觀

在《莊子》的《人間世》和《德充符》篇中，莊子[1]寫了一大批殘缺畸形、外貌醜陋的人，如支離疏、兀者王駘、申徒嘉、叔山無趾、哀駘它等。這些人有的是駝背，有的是缺嘴，有的砍掉了腳，有的脖子上長了大瘤子。然而，他們卻受到當時上至君臣下至百姓的喜愛和尊敬，甚至當闉跂支離無脤[2]和甕盎大癭[3]這兩個奇醜的人去遊說衛靈公和齊桓公時，不但得到了兩位國君的欣賞和喜愛，而且還讓他們改變了對那些看起來形體齊全的人的看法，覺得都「其脰肩肩」[4]。這是什麼道理呢？

莊子回答說：「德有所長[5]而形有所忘[6]。」（《德充符》）在莊

---

1 莊子：名周，字子休，梁國蒙縣人。其生卒年代約在公元前 369 至前 286 年。戰國時著名的思想家，道家美學的集大成者。做過蒙縣的漆園吏。《莊子》一書現存三十三篇（內篇七，外篇十五，雜篇十一）。多數學者認為內篇屬於莊子原著，其它篇章應是莊子後學完成。《史記老子韓非列傳》說莊子雖「其學無所不窺，然其要本歸於老子之言」。唐代陸德明也說莊子「依老氏之旨，著書十餘萬言，以逍遙、自然、無為、齊物而矣；大抵皆言歸之於理，不可案文責也」。這都是比較符合實際的。然而莊子是複雜的，所以在研究或解讀《莊子》的言辭時，就不得不詳察其矛盾和一致、聯繫和區別，否則便會對莊子思想產生理解上的片面性。
2 闉跂支離無脤：虛設的人名。闉（音因）曲：傴背。跂：走路時腳跟不著地。脤：通唇。
3 甕盎大癭：虛設的人名。甕盎：裝東西的陶器。癭：瘤子。意謂像瓦甕那樣大的瘤子。
4 其脰肩肩：脰：頸。前一個肩字，指肩膀。後一個肩字指肩負。句謂他的脖子要用肩膀來托住。
5 長：善，擅長。
6 忘：忘記，忘卻。指對形體上的缺陷而言。

子看來，道德超過常人的人，他形體上的缺陷往往被人有所忘卻。上述這些怪奇現象的出現，都是由於他們的「德有所長」之故。

當然，這裏莊子所謂的「德」，是有其特指內涵的。莊子是一個尊崇「自然無為」、「物我齊一」的思想家，他寫了一大批殘形奇狀而又道德高尚的人物，其本意除了貶低以孔子為代表的儒家及其仁義道德之外，再就是宣揚他自己的人生哲學。但是，若從美學的角度觀察，莊子這一思想的意義可謂十分重大。當他說得道之人都具有克服一切形體上的殘缺的巨大潛能之時，他恰恰也道出了人們審美觀照時的一種微妙的心理變化，揭示了作為社會美的核心——人的心靈美，具有超越形體美的重要特徵。我們觀看電影《巴黎聖母院》，其情形正是如此。副主教弗羅洛看起來很漂亮、很帥、很美。但當他瘋狂地追逐愛斯美拉達而達不到目的時，追逐變成了迫害，這時，原來漂亮的副主教在人們看來，便已成了一個卑鄙的偽君子，簡直醜不可言。而最後默默地躺在吉普賽女郎身旁的那個奇醜無比的，連話都說不清楚的敲鐘人凱西莫多，卻由於他的摯愛和自我犧牲的悲壯之舉，展現了一顆美麗而高尚的心靈，令觀眾肅然起敬，無不從心底發出讚歎！這便是「德有所長而形有所忘」的規律在起作用的緣故。

雖然，莊子描寫的哀駘它、闉跂支離無脤等人物的心靈美（亦即所謂的「德」）實際上並未經過物質化、形象化——即沒有通過人物的語言、行為作出具體的、可感的描寫；其令人喜愛和崇敬的根據，也僅僅停留在「是必『才全』而『德不形者』」那樣的闡釋階段；然而在審美領域裏，莊子這一觀點的提出，不僅是向當時「有諸內而必形諸外」、「生而長大，美好無雙，少長貴賤見而皆悅之」（《盜跖》

篇）的以貌相人的觀點提出了　強有力的挑戰，而且在揭示心靈美重於形體美的同時，還擴展了人們的審美視野，突破了「好之為好」的傳統觀念，讓人們看到了「陋劣中有至好」（《鄭板橋集·題畫》鄭板橋語），從而為後來的藝術理論和實踐都留下了一份可貴的遺產，這不能不說是莊子的一大貢獻。

　　此外，由於莊子表現自己觀點的寓言故事充滿了「繆悠之說」、「荒唐之言」，且具有其辭參差而「諔詭可觀」（《天下篇》）的藝術特色，因而這些寓言和其所傳達的獨特的審美見解，不僅本身體現一種為醜中之美，開創了中國怪奇藝術的先河，它的出現，還為後來的浪漫主義文學藝術和反常的、非中和的創作思想方法，提供了有益的借鑑，這也是極其難能可貴的。例如《德充符》中寫的哀駘它[7]就很有代表性。一開始說哀駘它是衛國的一個「惡駭天下」[8]的醜八怪，可是男人和他相處，捨不得離開他；女人們見他，許多還去請求自己的父母說：「與其做別人的妻子，還不如做哀駘它的婢妾。」這已經很出奇了。接著文章又說一個執政的國君——魯哀公召見他。和他相處不到一個月，便對他十分傾慕敬仰，這又是一奇。後來「不至期年」[9]，魯哀公想讓他當宰相，把政權交給他。然而哀駘它卻表現出一副無心應允的樣子。甚至當魯哀公「授之國」[10]後，不久這個「惡駭天下」的凡人，竟「去寡人而行」（不辭而別地走了）。這是何等樣的怪人啊！故事到此，文章才借助孔子之口講出人們愛慕他的原因，原來是「非愛其形也，愛使其形者也」。愛使其形者是什麼？那

7　哀駘它：它，音駝。假設的人名。
8　惡駭天下：意謂面目醜惡，使天下人都驚駭。
9　不至期年：不到一週年。
10　授之國：授：委任。意謂把政權交給他。

就是精神，是他內在的美德。而且哀駘它之所以「未言而信，無功而親」，因為他「是必『才全』而德不形者也」，意即一定是才性完美，而道德不體現在外貌上的人。

難怪有人說：「莊周集怪奇與非中和審美觀念於一身，即是怪奇創作思想方法的創作者」，甚至是「非中和審美觀念的開山祖」[11]。看來，這話還是很有道理的。

11 于民、孫通海：《先秦兩漢美學名言名篇選讀》（北京市：中華書局，1987年），頁69。

法天貴真
——中國美學史上最早涉及規律與自然關係的美真統一論

在《莊子・漁父》篇中，莊子寫了一個得道之人——漁父，並通過他對孔子進行了一番教訓，說他不在其位而謀其政，實在有點多事。與其如此，還不如「慎守其真」，免掉許多拖累的好。孔子問他什麼叫「真」？於是引出漁父關於「法天貴真」的一段精彩的談話：

「真者，精誠[1]之至也。不精不誠，不能動人。故強哭者雖悲不哀，強怒者雖嚴不威，強親者雖笑不和。真悲無聲而哀，真怒未發而威，真親未笑而和。真在內者，神動於外，是所以貴真也。其用於人理[2]也，事親則慈孝，事君則忠貞，飲酒則歡樂，處喪則悲哀。忠貞以功為主，飲酒以樂為主，處喪以哀為主，事親以適[3]為主，功成之[4]美，無一其跡矣[5]。……禮者，世俗之所為[6]也；真者，所以受

1　精：精粹、精心、專誠。誠：確實、真心。
2　理：倫理、人事。
3　適：順。指順合父母之意。
4　之：則、就。
5　無一句：無通毋。跡：途。句意不必限於一種途徑。
6　禮者句：禮：禮節儀式。句意謂禮節儀式是世間人為造出來的東西。

於天⁷也。自然不可易⁸也。故聖人法天貴真⁹，不拘於俗。」

在莊子看來，所謂的「真」是最高層次的精誠。不論是人的「哭」、「怒」、「親」都是不可勉強的。只有真正的「悲」、「怒」、「親」才能做到哀切、威武、和藹。有真性的人，表現在外的神態與一般人不一樣，這是「真」最可珍貴的地方。

「真」是「受於天」的。那麼，「天」是什麼呢？我們知道，所謂的「天」，在莊子的詞彙中，常常是指自然，是人和動物的天然性。這說明莊子的「真」，一方面要求合乎客觀實際或客觀真理，即「精誠之至」；另一方面又要求符合人的「性命之情」，表現人的出於自由的真情性，即出於天然之含義。特別是莊子在其許多篇章之中，還把天和地一樣都看作美的事物，如「夫天地者，古之所大也，而黃帝堯舜之所共美也」（《天道》），「天地有大美不言；……聖人者，原天地之美，而達萬物之理」（《知北遊》），等等。在這裏，莊子把精誠與天然、美與真都連接到一起，形成了一個不可分割的、獨特的審美觀念和審美理想。可以說在莊子那裏，美是一刻也離不開真的，沒有了真，也就沒有了美。而沒有了「法天」，也就無所謂「貴真」了。

當然，所謂的「法天貴真」，也是基於自然無為之道的。「法天」是前提，是效法自然、順應自然，尊重自然規律；而「貴真」是基礎，除了要求合乎實際至精至誠之外，還要人們純任自然，讓事物完

7　受於天：出於天然、天性。
8　易：改變。改變就失真。
9　法天：效法自然。貴真：珍重精誠。

全按照它的天然本性去生活和表現自己，不以外力給予任何的干預和改變。這樣一來，莊子的「法天貴真」，顯然就既與儒家所宣導的「修辭立其誠」的「誠」大異其趣，也與老子「美言不信，信言不美」的觀點很不相同。所以我們說「法天貴真」是中國先秦時期最早涉及規律與自然關係的美真統一論，其原因之一也在於此。

為了進一步說明上述理念，莊子還舉了一個例子。他說：「牛馬四足，是謂天[10]；落馬首[11]，穿牛鼻，是謂人[12]。故曰：無以人滅天，無以故滅命，無以得殉名[13]，謹守而勿失[14]，是謂反其真。」（《秋水》）這是說，牛馬生而有四足，可以自由地行走和活動，這是天然如此的，是牛馬的自然本性。可是人卻要羈勒馬首，貫穿牛鼻，這就破壞了牛馬的自然本性，也就破壞了「真」，同時也就破壞了牛馬的天然之美。

至於《至樂》篇中講的海鳥，它們本來「棲之深林，遊之壇陸[15]，浮之四湖，食之鰍鰷[16]，隨行列而止[17]，委蛇而處[18]」，這是很美的自由自在的生活。然而魯侯把海鳥迎進太廟，送酒給它飲，演奏九韶之樂給它聽，宰來牛羊肉給它吃，弄得海鳥目光迷惑，心中悲傷，不敢飲一杯酒，到第三天就死了。違背自然規律，而非順應自然

---

10 是謂天：這是天然的稟賦。

11 落：通絡，籠住。

12 人：人為。

13 無以三句：不要以人為去消亡天性，不要用世事去排除天命，不要出於得失的考慮而為功名作犧牲。無：通毋，不要。故：事，世事。

14 勿失：不要失去上面所說的道理。即讓人要牢記之意。

15 壇：通坦。坦陸，廣闊的大地。

16 鰍：泥鰍。鰷：蒼條魚。

17 行列：指海鳥群體的行列。

18 委蛇：通逶迤。從容自得的樣子。

地「以鳥養養鳥」，而是人為地去「以己養養鳥」[19]，這樣做不但破壞了鳥的天然本性，使之失去了自由自在的生活，而且連生命也喪失了，這哪裏還有美可言呢？

總之，莊子建立在自然無為基礎上的「法天貴真」之說，在中國美學史上第一次明確地涉及規律和自然的關係，並且認為美是規律與自由的統一，其意義是十分重大的。無論其極力推崇的天然之美，還是反覆闡發的精誠之真，對後世的美學家、藝術家都曾產生了極為深遠的影響，甚至對今天的現實生活也有著不可忽視的啟示意義。

如主張「垂衣貴清真[20]」，讚賞「清水出芙蓉，天然去雕飾[21]」的李白，宣導「學無常師，以真為師」[22]的白居易，以及提倡「外師造化，中得心源[23]」的張璪等，他們的審美理想都明顯地有著「法天貴真」的影子。至於到了宋代，以蘇軾為代表的對天然之美的追求，形成了一股歷史的潮流，那更是與莊子學派的思想有著不可分解的承續淵源。其它如陶淵明、湯顯祖、李贄等，其審美觀念都直接或間接與莊子學派有關。這裏就不一一列舉了。但是我們也無須諱言，由於莊子基於自然無為之道的美真論說中，片面地強調了人和物的天然之美，要求一切都要順應自然，並且在許多篇章中還極力反對人為的干預，排除、抽掉了人的能動作用，所以他的這一美真之論在肯定了美是規律與自由的統一時，同時也就陷入了以自然規律代替社會規律的

---

19 己養：人自己的生活所需，生活習慣，生活規律。鳥養：則是鳥的生活所需，生活習慣和生活規律。二句比喻顏回要用不適合於齊侯的一套主張去遊說齊侯。但這裏已涉及有規律和自由的意思。
20 此句係李白《古風》中的名句。
21 見李白詩《經亂離後天恩流夜郎憶抒懷贈江夏韋太守良宰》。
22 見白居易《記畫》。
23 此處引自張彥遠《歷代名畫記》。

錯誤之中，甚至還可能通往消極宿命的思想，這也是我們在此不能不
提到的。

「心齋」、「坐忘」
——先秦時期很典型、很具體的審美心理虛靜說

　　老子提出的「滌除玄鑒」這一命題，先秦時期的許多思想家都有呼應。如《管子・心術上》中提出的「靜因之道」[1]，「潔其宮，開其門，去私毋言，神明若存[2]」；荀子在其《解蔽》篇中所說的「虛一而靜[3]，是謂大清明」；以及韓非子在《解老》中講的「思慮靜則故德不去，孔竅虛則和氣日入」等，都莫不把虛靜之於認識觀照的必要性，提到了很高很突出的地位。而其中很典型且很具體地闡釋和發揮老子這一命題的，則莫過於莊子在其「心齋」、「坐忘」基礎上建立起來的審美心理虛靜說了。

　　莊子在《人間世》篇中說：「若一志[4]，無聽之以耳，而聽之以心，無聽之以心，而聽之以氣[5]。耳止於聽，心止於符。氣也者，虛

1 靜因之道：虛靜因應的理論。即排除主觀陳見與雜念，客觀地反映認識事物的方法。
2 潔其宮四句：宮：心。門：指耳目感官。四句意謂清除心理上的各種雜念，開啟耳目感官的功能。去掉私欲，不固執主觀成見，（那麼）智慧就產生了。
3 虛一而靜：虛：心要虛。即不要有先入為主的成見。一：人心有認識許多事物的能力，但不因對彼一事物的認識而妨礙對此一事物的認識，叫做一。靜：不讓各種雜念思考來干擾你的認識，叫做靜。虛一而靜：是認識道的基本原則，即排除一切私欲雜念，保持心境虛靜空明。
4 若一志：若：你。一志：使心志純，排除雜念。
5 無聽一句：人一般是用耳聽的，這裏何以要「聽之以氣」呢？其意主要是指聽而不聞，心守虛寂。

而待物者也。唯道集虛。虛者，心齋也[6]。」老子僅僅是提出了命題，未涉及具體途徑，莊子則談得更充實更具體，而且還對這一命題有更大的發展。在莊子看來，「心齋」就是空虛的心境。氣是對這種空虛心境的形容，氣是空虛的，它可接納各種事物。但只有「道」才能集結在空虛之中，所以要實現對道的觀照就要專心一志，排除各種雜念的干擾。而且由於用耳朵只能聽到聲音，用心只能聽到符合心的內容，因此他明確地指出：「聽之以氣」，「循耳目內通而外於心知」[7]的途徑（即「自見」、「自聞」的超功利的途徑），才能使主體進到一種虛靜空明的心境，從而也才能獲得審美觀照的愉悅。

而莊子所謂的「坐忘」較之於「心齋」，又進一步指出審美感知具有忘懷一切的特徵。即所謂的「墮肢體，黜聰明，離形去知，同於大通」（《大宗師》）。這就要求人們從生理欲望中解脫出來，從各種是非得失的計較和思想中解脫出來，達到與自然無為的大道完全同一的狀態。這才叫「坐忘」，才能進行對道的觀照。實際上，這就是《大宗師》中與南伯子葵對話的那個女禹所說的：「吾猶告而守之，三日而後能外天下；⋯⋯七日而後能外物；⋯⋯九日而後能外生；已外生矣，而後能朝徹[8]；朝徹，而後能見獨[9]。」

無論是「外天下」、「外物」、「外生」，還是「心齋」或者「坐忘」，其核心思想都是要人們從自己的內心徹底排除一切是非、利害

6　氣也者五句：氣是虛空的，虛便能接納萬物。但只有道才能集結在虛空之中。這個潔淨的虛空就是心齋。虛才能得道悟道。

7　徇耳目句：徇：使。耳目內通：把自己的聽覺、視覺引向自身體內，收視反聽。外於心知：排除心智的作用。外：顏師古注：「外，疏斥之。」即疏遠排斥之意。

8　朝徹：一旦忽然貫通，心境如朝陽那樣清明洞徹。

9　見獨：見常人所不見，即實現了對道的觀照。

觀念。不僅要做到「離形」、「墜肢體」，而且要「去知」、「黜聰明」、「外於心知」，因為「知忘是非，心之適也」[10]（《達生》）。所以，一個人倘若達到了「心齋」、「坐忘」的境界，也就達到了「無己」、「喪我」，忘懷一切的境界，便能夠「朝徹」（自己的心境如初升的太陽那樣清明洞徹）。「朝徹」之後呢，就可以「見獨」（也就是說能夠實現對於道的觀照）。這便是莊子追求的「至美至樂」的高度自由的境界。

　　當然，莊子的這種「心齋」、「坐忘」的境界，作為審美觀照的前提，或者作為對審美主體的一種要求，是積極的，有其合理性和必要性。對於審美觀照來說，倘若不能擺脫功利的考慮，心懷很多的雜念，那就會像《管子‧心術上》中說的：「夫心有欲者，物過而目不見，聲至而耳不聞也」，便不能發現真正的美，不能發現無限的美，從而也就不能從中獲得審美的愉悅。對於審美創造來說，如果創造者沒有一個虛靜的心境，不能從利害得失的思慮中超脫出來，他的精神就會受到壓抑，創造力（包括他的技巧）就會受到束縛，也就不能達到創造的自由和實現創造的樂趣。這就叫「凡外重者內拙」[11]（《達生》）。其實這個道理很簡單，人們也不必用《莊子》中的許多寓言故事來作出說明和解答。只要回顧一下奧運賽事，稍微想一想，為什麼很多奪冠呼聲很高的參賽者，因心理壓力太重、想得太多而名落孫山，而一些名不見經傳的選手，由於心態平常，無所牽掛，卻一再拿到金牌。答案不是再清楚不過嗎？莊子「心齋」、「坐忘」的精神境界，作為審美觀照和審美創造的一個前提、一個精神條件，是合理

10 知忘二句：意謂忘記或去除了各種是非，心靈就會安穩、舒適。
11 凡外重者內拙：凡是把身外的利害得失看得很重的人，內心就變得糊塗笨拙。要在說明心境仍須虛靜。

的、必要的，其關鍵也在於此。

南北朝時，莊子的這一理論被劉勰引用到文學批評之中，劉勰說：「陶鈞文思[12]，貴在虛靜：疏瀹五藏，澡雪精神[13]。」（《文心雕龍・神思》）直接說明「虛靜」對於文學構思的重要性。其它如張彥遠所說的：「凝神遐想，妙悟自然，物我兩忘，離形去知」（《歷代名畫記》）；唐代大詩人劉禹錫詩中說：「虛而萬景入」[14]；宋代郭熙說的「萬慮消沉」，「胸中寬快，意思悅適」[15]等，都強調虛靜空明的心境，是審美觀照必要的條件和前提。由此可見，莊子的審美心理虛靜說對後世的影響還是很大的。

但是莊子的偏頗在於他把「心齋」、「坐忘」等審美的前提條件等同於審美創造的自由。這就使得他的這一理論在具有積極性和合理性的同時，不能不具有其相當的消極性和局限性。特別是他所謂的「坐忘」之說，要求人們「墜肢體，黜聰明，離形去知」，甚至要徹底排除「此四六者」[16]（《庚桑楚》），使人虛靜到「形若槁骸，心若死灰」（《知北遊》）的狀態。連人的情感、生理、心理活動都要統統排除殆盡，這豈不是與其強調的人生自由和自然本性等背道而馳，反而使人成了自然的奴隸了嗎？所以荀子說莊子「蔽於天而不知人」（《解蔽》），看來不無道理。

---

12 陶鈞文思：構思醞釀，就像在轉輪上製作陶器一樣。
13 疏瀹五藏：疏：通。藏：髒。五藏主要指心。澡雪：洗滌、洗淨。
14 見劉禹錫《秋日過鴻舉法師寺院便送歸江陵引》
15 見郭熙《林泉高致・畫意》。
16 此四六者：指「富、貴、顯、嚴、名、利六者」，「容、動、色、理、氣、意六者」，「惡、欲、喜、怒、哀、樂六者」，以及「去、就、取、與、知、能六者」（見《莊子・庚桑楚》）。

二十四

「目無全牛」、「躊躇滿志」
——先秦美學中罕見的、最接近近代美學的一種審美體驗

　　「目無全牛」與「躊躇滿志」，均出自《莊子・養生主》中「庖丁為文惠君解牛」的故事。「目無全牛」說的是，庖丁自述他初學解牛時，眼中所見都是一個個完整的所謂「全牛」。三年之後，因為解牛解得多了，這時他眼前出現的就不再是「全牛」，而是已經變為由各種骨頭、關節組成的牛了。所以他便「以神遇而不以目視，官知止而神欲行[1]」，按照牛天然的生理結構去「批大郤，導大窾[2]」。他解牛的技藝這時已經達到了很深的造詣，即達到了「憑心神與牛接觸，而不用眼睛去看」的高度、自由的境界。可是這種高度自由的境界是怎樣產生的，莊子卻沒有點明，只是說了一句：「三年之後」。當然，這所謂的「三年之後」不是別的，常識告訴我們，那就是指三年的解牛生涯，三年的宰割實踐，積纍了豐富的經驗。不然，庖丁解牛時，何以能那樣遊刃有餘或隨心所欲呢！人們常說，「實踐出真知」，可見他的這種述說與黑格爾的「美和美感來自人的實踐活動」[3]

1　官知句：感覺器官停了下來而精神活動尚在進行。說明解牛時思想領先，動作隨後。
2　批大郤：批：擊。郤：指筋骨間的空隙。句謂在筋骨間的空隙中運刀。導：引向。窾：洞穴。
3　引自劉鶴齡《西方美學發展概況教學綱要二》。

的看法非常近似，其意義也甚為深刻。

「躊躇滿志」講的是，庖丁經過了十九年的時間，宰殺了幾千頭的牛，但每當遇到筋骨交錯的地方，感到難辦時，他還是警覺地注視，目光集中難點，小心翼翼地緩緩運刀。終於待到牛身嘩啦解體，就像泥土潰散落在地上，這時，他手提著刀，向四下望望，感到十分自得心滿意足，有一種美滋滋的快感，也就是「躊躇滿志」。庖丁從解牛中得到的這種洋洋自得心滿意足的快樂，並非因為可以得到工錢、獎賞，或者可以吃到牛肉，而是因為在解牛之中獲得了創造的自由，並且從自己創造的對象中看到了自由的創造勞動，看到了人自身的力量、智慧和才能，從而引起精神上的快樂或愉悅，這實際上也就是一種超功利的審美愉悅。庖丁解牛後「躊躇滿志」的表現，可以說那就如馬克思所講的一句名言，「在他所創造的世界中直觀自身。」[4]

當然，「直觀自身」的能力，也是在實踐活動中產生的。因為美感離不開人類改造世界的有目的的實踐活動。所以莊子在「庖丁解牛」故事中所流露出來的思想，雖然不是自覺的，但客觀上它已經非常接近近代美學中常常提到的「人的本質力量對象化」[5]的命題。這也是很難得很可貴的。

此外，莊子在《達生》篇中還講述了「痀僂承蜩」的故事，「津人操舟若神」的故事，「呂梁丈夫蹈水」的故事，「梓慶削木為鐻」的故事，以及《知北遊》篇中「大馬之捶鉤者」的故事，《田子方》

4　馬克思：《1844 年經濟學─哲學手稿》（北京市：人民出版社，1985 年），頁 51。
5　人的本質力量對象化：馬克思提出的一個命題。意謂人的自由自覺的本質，通過改造自然的勞動，體現在產品之中。也就是說勞動產品打上了人類智慧、力量、意志的烙印。這種勞動產品已是外部存在的東西，不屬於主體，屬於客觀對象。因此，體現著人類自由自覺本質的產品，即是「人的本質力量對象化」。

中「列禦寇為伯昏無人射」的故事等。這些寓言故事中，主人公們的勞動、經歷、成就，和他們在技藝上所達到的高度自由的境界，或者說是審美的境界，也都充分說明了上述同樣的道理，也值得我們關注。

例如痀僂丈人之所以能夠做到用竿黏蟬，就像在地上撿東西那樣容易，原來是他經過了五六個月艱苦的訓練。從在竿上累疊兩個泥丸不掉、三個泥丸不掉，一直練到在竿上累疊五個泥丸都不掉下來，他黏蟬才做到了「猶掇[6]之也」的地步。可見他的成功來得何等不易！

至於「大馬之捶鉤者」[7]那更是如此。這個鍛造兵器的人，從二十歲開始，就愛上了鍛打鉤劍，對別的事物看都不看，一直幹到八十歲了，「捶鉤」時他才做到「不失豪芒」（即打造出有來的鉤十分尖銳，與豪芒沒有差別）。這不都是來自長期實踐的結果嗎？

總之「目無全牛」、「躊躇滿志」和其它一些寓言故事，本來是莊子用來闡釋、說明其養生之道、處世之道和自然無為之道的。然而由於他忠於生活，如實地描寫了一大批工匠、手藝人、游泳健兒和射箭能手等人的勞動、經歷和技藝上取得的高度的成就，因而便自覺或不自覺地接觸到了近代美學中關於美的本質和「勞動創造了美」[8]這些重大的課題。這在先秦時代來說，的確是至為難得，也是非常可貴的。

---

6 猶掇句：掇：拾取。句謂他黏蟬熟練到了像撿東西那樣容易。
7 「大馬之捶鉤者」：大馬：官名，楚國的大司馬。捶：鍛打。鉤：兵器，似劍而曲。句謂大司馬有個捶鉤的工人。
8 「勞動創造了美」：馬克思在《1844 年經濟學—哲學手稿》中提出的一個美學命題。意思是說，美是在勞動中，在實踐中自由創造的結果。

與民同樂
——先秦時期極富民主精神的審美觀

孟子[1]關於「與民同樂」的思想，在《梁惠王》上、下兩篇中都有具體的闡釋和表述。它的內涵較為豐富，至少涉及「與眾樂樂」、「今之樂，猶古之樂」與「樂以天下，憂以天下」這三個方面。比如《梁惠王下》中孟子與齊宣王的對話，對前兩個問題就說得比較清楚：

他日，（孟子）見於王，曰：「王嘗語莊子（莊暴）以好樂，有諸[2]？」

王變乎色[3]，曰：「寡人非能好先王之樂也，直好世俗之樂耳。」

曰：「王之好樂甚，則齊其庶幾乎[4]！今之樂，猶古之樂也。」

---

1 孟子（約前 390-前 305 年），名軻，鄒（今山東鄒縣）人。魯國貴族後裔，戰國時期著名的思想家，政治家。據說他曾學於孔子之孫子思，是孔子之後儒家學派中最有影響的人物之一。他曾遊說過諸侯，不見用，退而講學。其思想和活動皆記載於《孟子》一書中。孟子的美學思想是直接繼承孔子而來，但又具有新的特色。特別是在有關審美和藝術特徵的認識上，如「與民同樂」的審美觀，「以意逆志」（《萬章上》）、「知人論世」（《萬章下》）的詩歌理論，以及「善、信、美、大、聖、神」的劃分（見《盡心下》）對美學範疇的豐富等，比孔子或後來的荀子都更為充分和深刻。其它如「浩然之氣」說，論美感共同性的觀點也影響極大。

2 王嘗語句：語：告訴。有諸：有這回事嗎？句意謂大王曾告訴過莊暴（齊國的臣子）您愛好音樂，有這回事嗎？

3 變乎色：變了臉色。意謂不好意思。

4 庶幾：差不多的意思。

曰：「可得聞與？」

曰：「獨樂樂，與人樂樂，孰樂？」

曰：「不若與人。」

曰：「與少樂樂，與眾樂樂，孰樂？」

曰：「不若與眾。」

「臣請為王言樂。今王鼓樂於此，百姓聞王鐘鼓之聲，管籥[5]之音，舉疾首蹙頞[6]而相告曰：『吾王之好鼓樂，夫何使我至於此極也？父子不相見，兄弟妻子離散。』……此無他，不與民同樂也！

「今王鼓樂於此，百姓聞王鐘鼓之聲，管籥之音，舉欣欣然有喜色而相告曰：『吾王庶幾無疾病與，何以能鼓樂也？』……此無他，與民同樂也！今王與民同樂，則王矣[7]。」

這裏，孟子先從「今之樂，猶古之樂也」這一切入點開始引入正題，繼而問及「獨樂樂」、「少樂樂」、「眾樂樂」哪種樂更好，並在得到了齊王肯定性的回答「不若與眾」之後，才順理成章地引向「與民同樂」這一命題。可見「今之樂，猶古之樂」是其「與民同樂」思想的一個不可或缺的重要的組成部分，是孟子對春秋末期以來「崇雅樂」、「惡鄭聲」的傳統認識所作出的一種理論上的修正。當然，「今之樂，猶古之樂」的提出，主要是由於其時俗樂（即民間音樂）的發

5　管籥：籥：古代吹奏的樂器。管籥：如今之簫、笛之類。
6　舉疾首蹙頞：舉：都。疾首：頭痛。蹙：聚攏、皺縮。頞：鼻樑，意謂皺著鼻子發愁的樣子。
7　則王矣：王：作動詞用，稱王、當王。句意是：那就可以使天下都歸服了。

展，和雅、俗樂地位發生重大轉化，給人們帶來的對音樂本質特點重新思考的結果。同時也與孟子曾引用《詩經·大雅·靈臺》中歌頌文王德行的詩歌，來說明「古之人與民偕樂，故能樂也」[8]的說法遙相呼應，互為印證。所以當齊宣王（不好意思地）說了「我並不愛好先王時的古樂，只不過是愛好世俗流行的音樂罷了」的時候，孟子便趕忙解釋說：（這有什麼關係呢）「要是大王非常愛好音樂，那齊國就會治理得差不多了」。（因為）「如今世俗的音樂和先王時的古樂都是一樣的，（所以您何必介意那古今之分呢！）」

　　接著他又步步深入地問到了，「跟少數人欣賞音樂，跟多數大眾欣賞音樂，哪一種更快樂？」齊宣王明確回答說：「不若與大眾快樂。」這時雙方已經取得了共識，談話滿可以到此為止，但是孟子認為能否與民同樂是關係到民心的嚮背，關係到能否「王天下」的大事，故而他又從正反兩方面設例[9]來說明其利害關係，直到最後才得出他的結論：「倘若大王能跟百姓一同快樂，那麼就可以使天下都歸服大王了。」可見孟子為了宣傳其「與民同樂」的主張，的確是煞費苦心。

　　雖然，孟子的這一思想，在某種意義上與其論美感的共同性相關，即所謂的「口之於味也，有同嗜焉；耳之於聲也，有同聽焉」（見《孟子·告子上》），但是更重要更關鍵的因素，卻是它基於其「民

8　此處引自《孟子·梁惠王上》。
9　設例：指孟子與齊宣王談話中假設的兩種情形。一是「假如大王在這兒奏樂，百姓們聽到鳴鐘擊鼓、吹簫奏笛的聲音，大家都覺得頭疼愁眉苦臉地互相告訴說：『我們大王自己這樣愛好音樂，為什麼將我們弄到這般困苦的地步呢？父子不能相見，兄弟妻兒分離流散』……這沒有別的原因，只是由於（王）不和百姓一同快樂的緣故」。二是「假如大王在這兒奏樂，百姓們聽到鳴鐘擊鼓、吹簫奏笛的聲音，大家都眉開眼笑地互相告訴說：『我們的大王大概是沒有疾病吧，要不怎麼能在這兒奏樂呢』……這沒有別的原因，只是由於（王）和百姓們一同快樂的緣故。」其中省略部分讀者可自參看《孟子·梁惠王下》。

貴」、「君輕」的說法（《盡心下》），要求「君正」「君仁」的觀點（《離婁上》），以及「得其民」、「得其心」是「得天下」的根本（《離婁上》）的一系列民本主義思想，是孟子「仁政」理念在其審美認識上的一種必然反映。「與民同樂」的主張，儘管在「爭地以戰，殺人盈野；爭城以戰，殺人盈城」[10]的戰國時代是不可能實現的，或者說它近乎是一種空想，然而這並不妨礙也不能掩蔽這一思想閃爍出的古代民主精神的光華。

《梁惠王下》又說：「樂民之樂者，民亦樂其樂；憂民之憂者，民亦憂其憂。樂以天下，憂以天下，然而不王者，未之有也。」

孟子「與民同樂」這一審美理念到了這裏，已經不僅僅是要求為君者和百姓一同娛樂（或快樂），而是更進一步，要君主把民眾的快樂當成自己的快樂，把民眾的憂愁當成自己的憂愁。有了這個前提，民眾才能與君主同禍福、共進退。所以說，能夠做到「以天下的快樂為快樂，以天下的憂愁為憂愁，卻還不能讓天下都歸服的事，是不曾有的（也是絕不可能的）」。

這便是孟子「與民同樂」思想中最有價值的部分，是孟子審美理念中極為光輝的亮點。當然，如果再把「與眾樂樂」、「今之樂，猶古之樂」和「樂以天下，憂以天下」聯繫起來整體考察的話，那麼，「與民同樂」的這一思想，堪稱古代最富民主精神的審美觀，就毫無疑義了。

雖然孟子的主張，並沒有被當時的統治者所採納，甚至有人還說

---

10 此處引自《孟子·離婁上》。

他太「迂」。可是「與民同樂」命題的出現，卻對後世產生了極其深遠的積極的影響。范仲淹《岳陽樓記》中所抒發的「先天下之憂而憂，後天下之樂而樂」的情懷，歐陽修在其《醉翁亭記》中所表述的官民同樂的情形，不都和孟子的「與民同樂」的觀點有著不解的源流關係麼？

美哉！「與民同樂」乃古代審美理想之精粹也。

二十六

「浩然之氣」與「大丈夫」
——先秦時期最具代表性的人格美論

在春秋末期，關於人格美的美學思想，孔子已經談到過一些非常重要非常精闢的觀點，如「三軍可奪帥也，匹夫不可奪志也[1]」，「無求生以害仁，有殺身以成仁[2]」等。但是這些談論，語言較為單純、簡約，沒有能展開加以詳述。到了戰國時候，孟子在繼承並發展孔子思想的基礎上，提出的「養氣說」、「大丈夫說」等一系列說法，顯得更為充分、突出，因而也更具時代的典型性和代表性。他的論點主要表現在如下兩方面：

■《公孫丑上》記載孟子和其弟子公孫丑的一段談話：

「敢問夫子惡乎長[3]？」曰：「我知言，我善養吾浩然之氣。」[4]
「敢問何謂浩然之氣？」曰：「難言也！其為氣也，至大至剛，以直

---

1 此處引自《論語·子罕》。
2 此處引自《論語·衛靈公》。
3 敢問句：長：擅長。惡：何。句意是「請問先生擅長哪一方面？」
4 知言：善於分析別人的言辭。浩然之氣：朱熹《集注》云：浩然，盛大流行之貌。浩然之氣：指道德上的一種精神氣質，一種勇往直前無所畏懼的心理狀態。

養而無害[5]，則塞於天地之間。其為氣也，配義與道[6]；無是，餒[7]矣。是集義[8]所生者，非義襲而取之也[9]。行有不慊[10]於心，則餒矣。」

在孟子看來，「浩然之氣」是人的一種奮發向上、盛大流行、無所畏懼的心理狀態或精神力量。因為「其為氣也」（作為一種精神氣質）是最偉大最剛強的，用正確的養氣原則去培養它，一點也不加傷害，這種正氣就會充盈於天地之間。作為一種精神氣質，必須與義和道相匹配，缺了它，就沒有力量（或疲軟）了。這種精神氣質，是經過長期的道德修養積纍所產生，不是偶然的正義行為所能夠取得的。只要做一件於心有愧的事，這種正氣就消失（疲軟）了。

很明顯，孟子在指出「浩然之氣」就是偉大的人格美，是一種「至大至剛」的精神狀態的同時，還提出了實現這種人格美的一條必經的重要途徑，那就是所謂的「配義與道」和「集義所生」，當然，孟子的「義」與「道」是指符合「仁義之道」的行為和理想。他強調這種「浩然之氣」只有在後天經過長期培養和積纍之後才能產生。這無疑比孔子有關人格美的談論更充實、更前進了一步。

■《孟子·滕文公下》有這樣一段話：

5　直養：正養。指正確的養氣原則。無害：不加以傷害。句意是，用正確的養氣原則去培養它，一點也不加傷害。
6　配義與道：配：配合，匹配。義：指符合仁義之道的行為。道：即仁義之道。
7　餒：淺氣、疲軟。此處作沒有力量解。
8　集義：指義與道的長期修養和累積。
9　非義襲句：指浩然之氣的培養，不是做一兩件正義之事便能突然取得的。
10　慊：愧疚。

（時人）景春曰：「公孫衍、張儀[11]豈不誠大丈夫哉？一怒而諸侯懼，安居而天下息[12]。」孟子曰：「是焉得為大丈夫乎？……居天下之廣居，立天下之正位，行天下之大道[13]；得志，與民由之；不得志，獨行其道。富貴不能淫[14]，貧賤不能移[15]，威武不能屈[16]，此之謂大丈夫。」

　　孟子的回答充分體現了他對此種人格美的肯定、讚譽和高揚，是孟子把他抽象的「氣」、「義」、「道」，具體化到對人的生活態度、行為節操上來的一種評說和表述。雖然在這段談話中，他把「居住在『仁』這個最廣大的住宅裏，站立在『禮』這個最正確的位置上，行走在『義』這條最光明的大道上」作為前提，來述說其理想的「大丈夫」（孟子思想的核心就是「仁義」二字），但是最突出，最廣為人們所稱道、效法的，卻是他所說的「榮華富貴不能使其荒淫無度，貧窮潦倒不能使其喪志動搖，面對權勢暴力不能使其屈服變節」，這樣才叫大丈夫。可見他所說的「大丈夫」不是別的，而是指真正的人，高尚的人，人格精神最完美的人。

　　此外，在《告子上》中，孟子還談到：「生亦我所欲也，義亦我所欲也，二者不可得兼，舍生而取義者也。」為何一個人能夠捨生取義呢？因為在孟子心目中「所欲有甚於生者」，是什麼？那就是

11 公孫衍：名衍，字犀首。魏國陰晉（今陝西華陰）人。其時著名的說客。在秦為大良造，曾佩五國相印。張儀：魏國人，縱橫家，與蘇秦齊名。曾遊說六國連橫服從秦國，是一個大政客。

12 安居句：義謂他們要是安居，天下就沒有衝突或戰爭之事了。

13 廣居、正位、大道：朱熹《集注》云：「廣居，仁也；大道，義也。」《論語‧泰伯》篇中也說過「立於禮」，《孟子‧盡心上》又講：「居惡在？仁是也。路惡在？義是也。居仁由義。」可以看出，廣居就是指仁，正位就是指禮，大道就是指義。

14 淫：濫，過度。也含迷惑，昏亂之意。

15 移：移動，變易。此指動搖喪志。

16 屈：屈服。

「義」。既然「義」比生命的價值更高,「義」是符合仁義之道的行為,是他人生最高的追求,所以當「生」與「義」發生矛盾之時,他才能毅然地「捨生取義」。這種精神與他所說的「浩然之氣」,與他讚美的「大丈夫」,不也是息息相通一脈相承嗎?

綜上所述不難發現,孟子所謂的「浩然之氣」與「大丈夫」說等看法,的確是先秦時期最充實、最具代表性的人格美論,是對人的自由力量的本質的最高肯定和讚賞。其中,特別是「富貴不能淫,貧賤不能移,威武不能屈」這三句話,不但激勵了無數的中華兒女、志士仁人,而且直至今天仍光芒如新,有著很強的現實意義。

「以意逆志」、「知人論世」
——先秦時期獨特的、最新穎的藝術批評方法論

　　孟子在同他的弟子咸丘蒙談到如何正確解讀詩歌的話題時，曾提出過一個獨特而前所未有的觀點，那就是「以意逆志」。他說：

　　「說詩者，不以文害辭[1]，不以辭害志[2]。以意逆志[3]，是為得之。如以辭而已矣，《雲漢》[4]之詩曰：『周餘黎民，靡有孑遺[5]。』信斯言也，是周無遺民也。」（《萬章上》）

　　孟子看到了詩的語言有其不同於一般語言的特徵。他之所以認為「說詩者（包括誦詩、評詩的人）不要拘泥於文字而誤解詞句，不要拘泥於詞句而誤解（作者的）本意」，其原因也在於此。詩歌表現作者的思想情感，常常要使用各種藝術手段，如比擬、誇張、象徵、暗喻等等。它的語言是藝術的，具有非概念所能窮盡的特點；而一般的語言則是非藝術的，一切都清楚地表現在確定的概念上。所以孟子認

1　文：文字。朱熹《集注》云：「文，字也。」辭：詞句。朱熹《集注》云：「辭，語也。」
2　志：作者的作詩之志。即作者所要表達的思想情感，或中心思想。
3　逆：反，倒著。引申為回溯、推求。
4　《雲漢》：《詩經大雅》中的詩歌篇名。
5　孑遺：剩餘，存留，遺留。

為理解詩歌最好的途徑是「以意逆志」，這樣才能得出合理的解釋，找到作詩者的原意。什麼是「以意逆志」呢？「志」是指詩人的作詩之志，是作者所要表達的思想情感。「意」是讀者的主觀感受、體會，包含著他的意願、想像、情感、理解等等因素。而「逆」是動詞（作謂語），其本義是反、倒著、回溯。因此，所謂的「以意逆志」就是要讀者根據自己的主觀感受，通過想像、體會、理解的活動，去回溯、推求詩人在作品中所要表達的思想情感。

「如果只看詞句的表面意思，那《雲漢》詩中說的『周餘黎民，靡有孑遺』，就會以為『周朝的遺民沒有一個存留，都死絕了。』」這豈不就是「以辭害志」了嗎？實際上，「靡有孑遺」，那不過是詩人一種誇張的說法，是用來表達作者對其時遭到罕見大旱的憂懼之思。其本意只是說，如果大旱不斷持續下去，那周朝遺民的命運就太可怕了。看來孟子舉這個例子，意在反證其「以意逆志」說的重要性和必要性。同時也是在講，說詩、評詩乃至包括藝術欣賞，都不能無視藝術語言和非藝術語言的區別。不懂得這點，把藝術語言當做一般語言來看詩，必然會導致「以文害辭」、「以辭害志」的結果，所以「說詩者」評詩，欣賞藝術作品，唯一正確的途徑就只能是「以意逆志」。

除過上述說法，孟子對文學批評還提出過「頌其詩」、「讀其書」要「知人論世」的見解。他說：

「一鄉之善士⁶，斯友一鄉之善士；……以友天下之善士為未

6　善士：品行高尚的人。

足，又尚[7]論古之人。頌[8]其詩，讀其書，不知其人，可乎？是以論其世也。是尚友也。」（《萬章下》）

　　孟子的這段話，本來是就士的修養（交友問題）而言的。意思是說：一個鄉的善士（品德高尚的人），就應該與一個鄉的善士交朋友，互相可以切磋、砥礪。但孟子認為，和天下的善士交朋友還不夠，還要追論古代的人物，但是和古人交朋友，吟誦他們的詩歌，研讀他們的著作，不瞭解他們的為人和思想生平，行嗎？所以要探討他們所處的時代背景。這便是追溯歷史和古人交朋友的辦法。這裏不僅涉及「頌其詩」、「讀其書」的藝術批評方法，而且強調應當把具體的人（作者）放到當時的社會環境中去觀察、理解，突出了對藝術中審美意識作社會學考察的意義。在當時的時代孟子能提出這樣的看法，的確是非常可貴的，也是比較科學的。

　　雖然「以意逆志」和「知人論世」是孟子在兩處分別談到的，但二者又確實有著必然的、內在的聯繫。正如清代顧鎮所說的那樣：「正惟有世可論，有人可求，故吾之意有所措，而彼之志有可通。……不知其世，欲知其人，不得也；不知其人，欲逆其志，亦不得也。」[9]

　　讀者的「意」是用來「逆志」的。「逆志」離不開「知人」，而「知人」又離不開「論世」。反過來看，若有世可論，有人可知，「意」就有所措，「志」也就有可通了。這豈不是說「以意逆志」和「知人

7　尚：通上，上溯。
8　頌：通誦，誦讀。
9　見顧鎮《虞東學詩》，焦循《孟子正義》引。

論世」是密不可分的「上下文」，是一個系統的藝術批評方法論嗎？當然，前者是「說詩者」的一條「說詩」的途徑；後者呢，是在講「頌其詩」、「讀其書」的必要的方法。然而若整體觀之，那「以意逆志」、「知人論世」之說的意義，就不僅僅指「說詩」、「讀書」，而是遍及文學藝術批評的整個領域。

例如讀《紅樓夢》，讀者如果不瞭解曹雪芹的思想生平、坎坷經歷，不把他放在清王朝處於盛極而衰的那個時期，那個社會環境中去考察，怎麼能得知曹雪芹的「志」是什麼？他何以要寫這部悲金悼玉的《紅樓夢》呢？而且如果不能「以意逆志」，讀者也不可能真正地理解這部不朽的巨著，通過「字字看來皆是血」所展現、揭露出來的政治、社會、思想、人文等方面豐富的內涵。

總之，孟子的「以意逆志」和「知人論世」之說，相互關聯，言簡意賅，在先秦時期是獨特的、最新穎的藝術批評方法論，對後世的文學批評和藝術欣賞影響巨大，意義深遠。

存乎人者，莫良於眸子
——中國歷史上最早見之於文字記載的「心靈之窗說」

現在，很多人都說眼睛是心靈的窗戶，文學家們也明白「寫眼睛」有傳情達意的重要作用，許多演員在舞臺上、影視劇裏，也都曉得用眼神來表達思想情感。在中國的歷史上，是誰首先發現眼睛和心靈的這種關係？他又是如何說的？我們來看孟子的一段話：

「存[1]乎人者，莫良於眸子[2]。眸子不能掩其惡。胸中正，則眸子瞭[3]焉；胸中不正，則眸子眊[4]焉。聽其言也，觀其眸子，人焉廋[5]哉！」（《離婁上》）

這段話的意思是說：「觀察一個人的內心，沒有什麼比觀察他的眼睛更好的了。因為眼睛不能掩藏一個人的醜惡。心胸正直，眼睛就清澈明亮；心術不正，眼睛就昏暗失色。所以聽一個人的談吐，觀察他的眼睛，這個人的內心的善惡（美醜）又怎能隱藏得了呢！」

1　存：觀察。《爾雅釋詁》云：「存，察也。」
2　眸子：朱熹《集注》云：「眸子，目瞳子也。」泛指眼睛。
3　瞭：明，清亮。
4　眊：昏暗，昏花。趙岐《注》云：「眊者，濛濛目不明之貌。」
5　廋：音搜；隱藏，藏匿。

孟子顯然已經清楚地意識到，一個人的內心世界，美也好，醜也好，往往都會表現於其外在的形體之上。而眼睛呢，是人體上最活躍的、唯一的視覺器官，因而他才斷言：「存乎人者，莫良於眸子。」孟子的這一說法，並非出於生理學或心理學的原因，其實不過是基於其對人性的理解，或者說是所謂的「性善論」的一種延伸[6]。例如他說：「君子所性，仁義禮智根於心，其生色也睟然[7]，見於面，盎[8]於背，施[9]於四體，四體不言而喻。」（《盡心上》）就是如此。很明顯，既然「君子的本性仁義禮智都是植根在他的內心，顯現在外表則神色潤澤和順，而且還流露在顏面，反映在肩背，（甚至）遍及四肢，四肢的動作不必言說，別人便一目了然」，那麼，眼睛是人體上最靈敏的視覺器官，比顏面、肩背、四肢都更能傳情達意，故觀察人內心的善惡美醜，最佳的選擇，就非眸子莫屬了。

　　孟子認為通過眼睛可以直觀人的內心世界的觀點，不僅闡明瞭眸子的表意功能和認識功能，而且認為眼睛還可直接通往審美欣賞和藝術創造。歷代都有這一觀點的追隨者。例如東晉力主「以形寫神」的大畫家顧愷之，就明確地提出過「傳神寫照，妙在阿堵」[10]的畫論。現代文學大師魯迅也曾極力稱道「寫眼睛」、「勾靈魂」的創作方法，

6　性善論：是孟子對人性本質的一種看法。他說「我固有之」的仁義禮智，是人的四端。「人之有四端焉，猶其有四體也。」（《公孫衛士》）「端」就是開頭，是萌芽，就是一種可能性。他還說：「乃若其情，則可以為善矣，乃所謂善也。若夫為不善，非才之罪也。」（《萬章下》）就是說，「按人本來的性情都能成為善的，這便是我所說的人性本善。至於有人不幹善事，不能怪罪他的本性。」他還說過（仁義禮智）「求則得之，不求失之。」（同上）孟子所謂的性善論，其實際是講人人都有為善的可能。

7　睟然：朱熹《集注》云：「清和潤澤之貌。」

8　盎：顯現。

9　施：延及。

10　見《世說新語巧藝》。阿堵：當時的方言，指眼睛。

或者如《老殘遊記》裏對王小玉眼睛的精彩描寫[11]，《四世同堂》中對「她」的眼珠的讚美[12]等等。這一切若究其理論淵源，應該說最早都可追溯到孟子。

可見「存乎人者，莫良於眸子」這一「心靈之窗」的說法，無論是理論上還是實踐上，對後世的許多文學家、藝術家都有著廣泛的影響。這大概是不爭的事實吧！

---

11 劉鶚《老殘遊記》對王小玉眼睛描寫的原文是：「那雙眼睛，如秋水，如寒星，如白水銀中養著兩丸黑水銀。左右一顧一看，連那坐在遠遠牆角子裏的人，都曉得王小玉看見我了；……就這一眼，滿園子裏便鴉雀無聲，比皇帝出來還要靜，連一根針掉在地下都聽得見響。」

12 老舍《四世同堂》裏對「她」的眼睛的讚美原文是：「她的眼睛最好看，很深的雙眼皮，一對很亮很黑的眼珠，眼珠轉到眶中的任何部分都顯著靈動俏媚。……她的眼睛能替她的口說出最難以表達的心意與情感，她的眼睛能替她的心與腦開出可愛的花來。……看見她的眼，人們便忘考慮別的，而只覺得她可愛。她的眼中的光會走到人們的心裏，使人立刻發狂。」

二十九

「善」、「信」、「美」、「大」、「聖」、「神」
——中國美學史上關於美的形態層次最早的劃分和界說

　　《孟子・盡心下》篇中記載，有一個叫浩生不害的齊國人問孟子：「樂正子何人也？」孟子曰：「善人也，信人也。」他又問：「何謂善？何謂信？」孟子說：「可欲[1]之謂善，有諸[2]己之謂信，充實之謂美，充實而有光輝之謂大，大而化之之謂聖，聖而不可知之之謂神。樂正子，二之中、四之下也。」

　　這裏，孟子把人格道德的美劃分為善、信、美、大、聖、神六個逐步上升，像階梯式的形態和層次，並分別對六者作出了原則性的說明和界定。這在中國美學史上實屬創舉。同時，他又根據上述的劃分，明確告訴浩生不害說，樂正子是介乎善與信之間，是在美、大、聖、神四者之下的人。可見這一劃分，又具有評價個體人格道德高低的批評標準的意義。至於何謂「可欲」？什麼是「有諸己」等，孟子雖沒有明言，但我們可以按照他的「以意逆志」和「知人論世」的方法，去探究其個中之含義。

1　欲：欲望，愛好。
2　諸：相當於「之於」或相當於之，第三人稱代詞。

例如「可欲」，孟子曾經說過：「生亦我所欲也，義亦我所欲也。二者不可得兼，舍生而取義者也。」（《告子上》）他也講過「直養」「浩然之氣」必須「配義與道」（《公孫丑上》）。這充分說明，孟子最「可欲」的就是義和仁義之道，因此所謂的「可欲之謂善」的意思就是說，一個人在行為上追求合乎仁義原則的東西，那就叫善。而「信」呢，《說文》云：「信，誠也。」「有諸己之謂信」是說，「善」確實存在於他自己的身上，這就叫做信。「美」比「善」、「信」的層次都高。「充實」即「充滿其所有，以茂好於外」[3]（焦循《孟子正義》），因此，只有「善」、「信」二者達到了「充實」的地步，即仁義充溢於整個身心，而又形式「茂好於外」時，這才能是美。「大」比「美」更高一層，是「充實而有光輝」的「至大至剛」境界的雄奇或偉大，是一種在程度上比「美」更鮮明、更強烈的輝煌壯觀之美，屬崇高的範疇。「聖」是大而化之的意思，即是說它不但具有輝煌的壯觀之美，而且還是「百世之師」（《盡心下》），是天下人的楷模，像柳下惠和伯夷那樣，人們聽了他們的事蹟，貪婪者變得廉潔，懦弱者變得堅強，刻薄者變得厚道，狹隘者變得大度[4]。這才是「聖」。「神」，是「有聖知之明，其道不可得知」（趙岐注）。乍一看來，這好像是超越了人所能及的地步，達到了不可測度的神秘境界。其實「不可知之」是說這種人格道德的美太高，已經高到了人們不知用什麼概念來說明，所以含有「無限美」或「無限大」的意思。

3　此處係焦循在《孟子正義》中對「充實之謂美」的解釋。之所以說「充實而又『茂好於外』」，其意思是說所謂的美，是指美與善的統一在外在形式中完滿的實現。可參看《孟子盡心上》中所講：「君子所性，仁義禮智根於心，其生色也睟然，見於面，盎於背，施於四體，四體不言而喻。」
4　此處見《盡心下》，原文是：孟子曰：「聖人，百世之師也，伯夷、柳下惠也。故聞伯夷之風者，頑夫廉，懦夫有立志；聞柳下惠之風者，薄夫敦，鄙夫寬。」

這就是孟子關於美的形態層次構成的劃分。其意義主要有如下兩個方面：

一、孟子關於善、信、美的劃分，豐富了人們對真、善、美及其關係的認識。一方面他認為善是美的基礎、發端，是這一系列劃分的第一層，所以，美已經包含著善[5]。美是善的實現，但又是在形式中完滿的實現。另一方面他又認為美並不等於善。因為人格道德的善，是人的行為的社會屬性，它是通過理性的分析來判定的；而人格道德的美，則是充實而又「茂好於外」的，可以通過感性的直觀去感知。

二、孟子從人格道德的觀察上第一次劃分了美的六個層次等級，不但擴展了中國美學對於美的各個範疇形態的認識，而且還為後世的人格評價、審美創造提供了一定的理論根據，對後來的藝術批評和藝術創作都產生了很大的影響。例如，後人稱杜甫是「詩聖」、吳道子是「畫聖」、王羲之是「書聖」等，這都與孟子的「大而化之之謂聖」的說法有關。至於所謂的「神」，在中國後世的美學思想中，已成為一種專門的常用語彙，並經常被用來說明藝術上一種最高的境界，或以之來描述藝術創作變化之玄妙莫測，運筆之神奇莫窺，如「鬼斧神工」、「巧奪天工」之類。譬如唐代書法理論家張懷瓘，把書法藝術的評價，分為神、妙、能三品（神品為首），並稱王羲之的書法具有「千變萬化，得之神功，自非造化發靈，豈能登峰造極」的特點（《書法要錄》卷八《張懷瓘書斷中》）。南陳的姚最在其《續畫品錄》中評顧愷之的畫時，說他的作品「擅高往策，矯然獨步，終始無雙。有

---

5 美已經包含著善：在孟子看來美和善是有區別的。但是善是「可欲」的「義」，或仁義之道。而孟子又說過「豈以仁義為不美也」（《公孫丑下》），所以他也把「善」，劃分在其人格道德之美的開頭，列為第一個層次的美。

若神明，非庸識之所能效；如負日月，豈末學之所能窺」。這一切都是孟子所謂的「聖而不可知之之謂神」的意思。

樂者，所以道樂
——先秦時期獨具一格的藝術社會功能說

　　關於藝術的社會功能，荀子[1]之前的各家美學都很關注，都發表過自己的看法。墨子主張「非樂」，荀子說他「蔽於用而不知文」，他們的觀點是完全對立的。老莊追求超功利的精神自由的境界，又與荀子直言功利，重視物欲的看法格格不入。至於儒家，即便是孔孟最強調的「樂」，到了荀子這裏，也主要不是同個體人格的完善相聯繫，而是更為著重它的「移風易俗」、「富國強兵」等廣泛的社會作用。因此，荀子的「樂者，所以道樂」及其相關的言論，便成為其時獨具一格的，也是非常深刻的一種樂論。

　　比如他說：「君子以鐘鼓道志[2]，以琴瑟樂心。」（《樂論篇》）意思是說音樂的主要功能就在於：用鐘鼓之聲引導人的志向，用琴瑟之音來陶冶人的性情。因其時樂、舞、詩是融為一體的，於是他接著

1　荀子（約前 313-前 238）：名況，又稱荀卿，趙國（今山西安澤）人。為戰國時期儒家學派最大的代表人物，傑出的唯物主義思想家。他曾遍遊齊、燕、秦、楚諸國，在齊、楚為官。著數萬言而卒，今存《荀子》三十二篇，較完整地保存了有關荀子的思想資料。

2　道志：道：引導。志：人的思想、志向或抱負。道志：對人的志向進行引導。

又說：「動以干戚[3]，飾以羽旄[4]，從以磬管[5]。故其清明象天，其廣大象地，其俯仰周旋有似於四時。故樂行而志清，禮修而行成，耳目聰明，血氣和平，移風易俗，天下皆寧，美善相樂。故曰：樂者，樂也。君子樂得其道，小人樂得其欲。以道制欲，則樂而不亂；以欲忘道，則惑而不樂。故樂者，所以道樂也。」這是說人們舞動起干戈，裝飾了羽尾，和著那簫管。這種舞樂便清明得像天，廣大得像地，它的樂律俯仰周旋像四季那樣相互更替。因此，音樂流行就能使人意志清正，禮義完備而德行養成。於是耳朵聰穎，眼睛明亮，血氣和平，移風易俗，天下安寧，美善相樂。這，都是「樂」積極的、不可忽視的社會作用。但是社會上的人與人是不一樣的，君子的快樂是因為道德修養得到提高，小人的快樂是由於個人的私欲得到滿足。如果不能「以道制欲」（即用禮義之道來節制人的欲望），因滿足個人的欲望而喪失禮義之道，那就會得不到真正的快樂。所以，音樂是用來引導人們歡樂的情感的。

這便是荀子藝術社會功能說的一個極為重要的方面，其主要內容包括「以鐘鼓道志，以琴瑟樂心」和「以道制欲」。可是荀子何以反覆強調要對所謂的「樂」（或者是「欲」）加以引導和限制呢？從根本上說，還是出自於他對人性的看法和理解。

荀子認為：「今人之性……生而有耳目之欲，有好聲色焉。順是（順應人的這種本性），故淫亂生，而禮義文理亡焉。」所以必定要有「禮義之道」，才能使國家「歸於治」。這便是他在《性惡》篇中

---

3 干戚：古代的兩種兵器。干：盾牌。戚：斧屬類的兵器。
4 旄：犛牛尾。古代人們樂舞之時，常常用作飾物。
5 磬管：磬，古代一種石製敲擊樂器，管是古代管樂器的通稱。磬管泛指其時敲擊、吹奏的樂器。

所講的道理。不過，在《樂論》篇裏他又說：「夫樂者，樂也。人情之必不免也，故人不能無樂。」可見對於音樂作為人（審美主體）宣洩和表現其情感的「必不免」的手段，並在這種宣洩和表現中求得自己精神上的滿足和快樂，荀子又是持一種肯定的態度。只不過因為「樂則不能無形（表現），形而不為道（沒有正確的引導），則不能無亂」，所以先王才「制雅、頌之聲以道之，使其聲足以樂而不流（放蕩），使其文辯而不思（邪卑），使其曲直、繁省、廉肉、節奏足以感動人之善心」（《樂論》）。在荀子看來，這便是「樂」（欲）必將以禮義道之的緣故。

在荀子的藝術社會功能說中，更重要、更為關鍵之處，卻還在於其通過「以道制欲」，通過音樂對人的志向的引導和情感的陶冶，給個體和社會所帶來的「血氣和平，移風易俗，天下皆寧」等一系列的影響。人之所以為人，是因「有氣、有生、有知亦有義」（《王制》）的緣故，所以當音樂的「正聲感人而順氣應之」[6]（《樂論》）時，人們聽到正聲便能夠血氣和平。而且，有了人的血氣之「和」，從而也才有社會關係、社會秩序的「和」。這就是所謂的「樂在宗廟之中，君臣上下同聽之，則莫不和敬；閨門之內，父子兄弟同聽之，則莫不和親；鄉里族長之中，長少同聽之，則莫不和順。」（《樂論》）這樣一來，「天下皆寧，美善相樂」。其功能豈不大哉！

此外，荀子還談到音樂在軍事領域的特殊作用。他說：「聲樂之入人也深，其化人也速[7]，故先王謹為之文。樂中平則民和而不

6　順氣：和順之氣。亦即血氣和平之意。
7　夫聲樂句：入：入人之心。化：感化，教化。句謂音樂對人的影響很深，教化人很快。

流[8]，樂肅莊則民齊而不亂。民和齊則兵勁城固，敵國不敢嬰（侵犯）也。」（《樂論》）又說：「聽其雅、頌之聲，而志意得廣焉；執其干戚，習其俯仰屈伸[9]，而容貌得莊焉；行其綴兆[10]，要其節奏，而行列得正[11]焉，進退得齊[12]焉。故樂者，出所以征誅也，入所以揖讓也。……出所以征誅，則莫不聽從；入所以揖讓，則莫不從服。故樂者，天下之大齊也，中和之紀也，人情之必不免也。」（《樂論》）

可見，音樂不但有使人「氣血和平」、「移風易俗」等廣泛的社會作用，而且可以起到統一進退，整齊佇列，鼓舞士氣，團結作戰的特殊作用，因而在進攻上，可以用來進行征伐誅殺；在防禦上，可以使「兵勁城固」。只要我們回顧一下，抗戰時期一首《義勇軍進行曲》是何等的昂揚悲壯，曾經鼓舞了多少戰士前赴後繼奮勇殺敵，一曲《松花江上》是多麼動人心魄，曾喚起過多少人奮起投身於抗日救國的洪流之中，就不得不贊同荀子上述的說法。難怪有人說：「一首優秀的歌曲可以頂得上一個師甚至是一個軍的兵力。」

總之，荀子的藝術社會功能說，涉及面很廣，也很深刻、很獨特。他的有些言論雖然與孔子思想相承，並非新見，但他認為音樂對人的情感和欲望有規範引導的作用，藝術是情感與理性的統一的觀點；把音樂的作用提高到有助於構建和諧社會的看法，以及把音樂在「征誅」、「兵勁城固」中的作用，講得這樣鮮明、精到，這在中國美

---

8 和而不流：流：放蕩。句謂和順而不放蕩。
9 執其干戚一句：干、戚：皆古代兵器。曲：彎曲、曲折。伸：伸展。句意是說：手裏拿著乾和戚，隨著音樂的變化而仰伏屈伸地舞蹈。
10 綴兆：綴：表記，位置。鄭玄注，「綴，表也。表其行列。」此處指練習佇列。
11 正：不偏不斜，端正，中正。此處引作嚴肅解。
12 齊：整齊一致。

學史上真是前無古人，極為難得的。荀子《樂論》中的這些思想，後來通過《樂記》一書進一步地闡述而得到廣泛的傳佈，其影響更大、更深遠。

化性起偽以成美
——先秦美學中最富唯物主義特徵的審美觀

　　對於人格美的看法，荀子繼承了儒家的思想，與孔、孟的觀點完全一致。可是在實現人格美的途徑上，則又與之大不相同。孔、孟主張通過「內省」、「盡心」來自我實現，而荀子則是強調「化性而起偽」，即通過後天的社會實踐來自我完成。所以荀子在《禮論》篇中說：「性者，本始材樸也[1]；偽者，文理隆盛也[2]。無性則偽之無所加；無偽則性不能自美。」

　　就是說，人的本性，是天生的自然的材質；偽，是後天的文飾禮義的日臻完美。但是「偽」是什麼呢？在《性惡》篇中他說：「可學而能，可事而成之在人者，謂之偽。」在荀子看來，「偽」就是指後天人為的實踐活動。沒有天生的材質，便沒有後天改造加工的對象；沒有後天人為的磨煉修養，人的本性也不能自我完美。有鑑於此，荀子反覆講：「君子之學也，以美其身。」[3]「君子知夫不全不粹之不

1　材樸：自然的材質。
2　文理隆盛：隆：興盛、豐厚。盛：興旺、美。全句指禮法條文的日臻完美。
3　君子之學句：美其身：使其身美。句意謂君子學習知識是用來使自己身心完美。

足以為美也。」[4]（《勸學》）

　　這都是在強調後天人為的道德學問修養的重要性，也就是化性起偽以成美的意思。

　　雖然，荀子的「性惡論」認為人「生而有好利」、「疾惡」、「好聲色」的本性，「其善者偽也」，是一種脫離了人類社會發展的唯心的人性論，但是他提出的「無偽則性不能自美」的命題，卻是合理的，是極具唯物主義特徵的見解。這個見解包含了這樣的意思，即人的美起於對人的自然本性後天的改造，因而人的美（含「全」、「粹」之美）便具有社會性，是社會實踐的產物。比如《性惡》所說的：「塗之人（指一般的人）可以為禹，則然；塗之人能為禹，未必然也」，就是如此。因為在荀子看來，關鍵是要「化性而起偽」。「無偽則性不能自美」，所以要成其「全」「粹」之美，那就要使「塗之人伏術為學[5]，專心一志，思索孰察，加日縣（懸）久（日積月累持之以恆），積善而不息，則通於神明，參於天地矣[6]。故聖人者，人之所積而致也。」

　　這便是荀子所謂的「聖人」，是一般人通過積纍仁義禮法才達到或成其為「聖人」的道理。

　　但特別值得指出的是，荀子曾多次地強調，「陶人埏埴以為

4　君子知句：全：全面，完全。粹：精粹，純正。句意謂君子知道不全面、不精粹地理解禮義法則便不能形成完滿的道德。
5　伏術為學：伏：通服，從事。術：學說，理論。指荀子的仁義禮法。全句意謂把仁義禮法作為學習的內容。
6　參於句：《說文》云：「參天地是為大。」大者，壯也，偉大崇高之義。故譯為像天地那樣的偉大。

器[7]，然則器生於陶人之偽。」「工人斲[8]木而成器，然則器生於工人之偽。」（《性惡》）這就是說這些「器」的產生，都是工人（陶人）以後天學得的技藝對黏土、木材經過加工製作的結果。所以在他看來只有「性偽合」「化性而起偽」[9]，才能有真正的美。既然如此，那麼世間上的工藝、雕塑、舞蹈、音樂等藝術的產品，不都同樣是人們對各種材料加以改造製作才產生的作品嗎？

由此可見，荀子的這一見解，不但包含著美是人對外部世界進行改造的產物的肯定，而且直接通往審美創造，為人為的藝術美的創作和發展提供理論依據。當然，荀子的上述觀點是與其「制天命而用之」（《天論》），重視工具在改造客觀世界中的作用的哲學思想是分不開的。所以在這方面，可以說荀子的思想及其美學是非常卓越的，極其可貴的；而他的「化性起偽以成美」之說，在先秦美學之中，確實是最富唯物主義特徵的一種審美觀，其貢獻不可低估。

7　埏埴：埏：以水和土。埴：黃黏土。河上公注：埏，和也。埴，土也。
8　斲：木工工具，斧斤之類。此處指用刀斧砍、削之意。
9　化性而起偽：化：改造，變化。起：興起，意謂可改造人的本性而要興起人後天的各種實踐活動。

心有徵知，必緣天官
——先秦時期具體、客觀的心物關係說

　　心，在中國古代被認為是人的思維器官，最早是在《孟子・告子上》中所說的：「心之官則思，思則得之，不思則不得也。」可是孟子在談到心的思維作用的同時，卻又說：「耳目之官不思而蔽於物，物交物則引之而已矣。」這就是說，耳、目不會思考，只不過是一個物。它一旦與外物接觸就容易受蒙蔽，乃至於被引向歧途。可見孟子的心物關係說比較粗略、偏頗，而且還有將心與物、思想與感官對立起來的傾向。荀子則不然。他不但認為心是人形體和精神的統帥，主宰著五官，即所謂的「心者，形之君也而神明之主也」（《解蔽》），「心居中心，以治五官，夫是謂之天君」（《天論》），而且他還明確指出：「心有徵知」（心有檢驗、認識事物的能力），「耳、目、鼻、口、形，能各有接而不相能也，夫是為之天官」（即五官各有其感知外物的能力，但不能互相代替，這就叫做天然的感官）。

　　只不過由於心辨知外界的事物，離不開各種「天官」的感知，故荀子才不得不細緻地予以闡述說：「形體、色、理，以目異[1]；聲音清

1　形體、色、理句：理：紋理。句意謂物體的形狀、顏色、紋理，靠眼睛來辨別差異。

濁、調竽[2]奇聲，以耳異；甘、苦、鹹、淡、辛、酸、奇味，以口異；香、臭、芬、郁、腥、臊、漏、庮[3]、奇臭，以鼻異；疾、養、滄、熱、滑、鈹[4]、輕、重，以形體異；說、故[5]、喜、怒、哀、樂、愛、惡、欲，以心異。心有徵知[6]。徵知，則緣耳而知聲可也，緣目而知形可也。然而徵知必將待天官之當簿其類然後可也[7]。」（《正名》）

這便是荀子關於心物關係說具體的最重要論述。

它一方面肯定了外界的事物（包括色、聲、味等），都分別地由人的各種不同的感官來辨別或感知其差異；另一方面又強調心最重要的官能，是具有檢驗認識事物的能力。這種檢驗認識的能力，可以憑藉耳朵來感知不同的聲音，可以憑藉眼睛來感知不同的形、色，但是一定要等待感覺器官接觸所感覺的對象（即「當簿其類」）之後，心的檢驗認識事物的能力才能發揮作用。換句話說，在荀子看來「天官」的接物，是人認識外界事物的前提；而心的感知，則是「物」通過人「天官」反映的結果。荀子物—感—心的「三部曲」，比孟子的心物關係說更確切、更高明之處，關鍵也在於此。

「心物關係說」其實是荀子一種唯物的、卓越的認識論，是他美感論的哲學基礎。由於上述說法涉及審美主體的主觀能動性，涉及審

2 調竽：即窕摦。窕：細微的聲音。摦：宏大的聲音。
3 漏、庮：漏：馬膻氣。庮：牛膻氣。
4 疾：痛。養：通癢。鈹：澀，與滑相對。
5 說、故：說：同悅，歡喜，愉快。故：通痼，鬱悶。
6 心有徵知：徵：檢驗。知：認識。意思是說心有檢驗認識事物的能力。
7 然而徵知句：天官：天然的感官。指眼耳口鼻等。簿：接觸。句意說：但是人們檢驗認識外界事物的能力，一定要等待（或通過）感官接觸各種事物之後，才能發揮作用（或才可能獲得）。

美主客體的關係，因此作為「形之君」、「神明之主」的心這一思維器官，便不僅僅是一般理性認識的主宰，而是審美感知的整個過程都離不開心，離不開心「徵知」外物的特殊作用。「心不使焉，則黑白在前而目不見，雷鼓在側而耳不聞。」[8]（《解蔽》）「心憂恐，則口銜芻豢而不知其味，耳聽鐘鼓而不知其聲，目視黼黻而不知其狀，輕暖平簟而體不知其安[9]，故向萬物之美而不能嗛也。」[10]（《正名》）就是說，人如果不用心，心不在焉，或者說心出現了故障，那麼，口、耳、目等感官也隨之失靈，以至於即使得到或者面對著「萬物之美」，人也不能感到審美的愉悅和滿足，反之，「心平愉則色不及傭而可以養目[11]，聲不及傭而可以養耳，……故無萬物之美而可以養樂」（《正名》）。可見「心」這個器官在審美感受（或審美觀照）中，同樣也起著主宰或統帥的作用。這便是荀子的「心有徵知，必緣天官」的心物關係說，及其因心理狀態不同而產生美感差異性的觀點，何以被後來的《呂氏春秋》、《淮南子》等繼承和發揮，並對後世的藝術創造和審美欣賞都產生重要的啟迪意義的緣故。

至於「心」要保持一種什麼樣的狀態才能獲得正確認識，才能獲得美和真的感受，荀子回答說：「虛一而靜。」這已經是審美心理虛靜說的範疇，我們另文予以評介。

8　心不使焉句：使：用。焉：於是，在這裏。句意是：如果心不在這裏，那麼就是黑白那樣分明的顏色在眼前也看不清，雷鼓那樣響的聲音也聽不到。

9　心憂恐句：芻豢：泛指肉食。黼：古代禮服上半白半黑的花紋。黻：古代禮服上半青半黑的花紋。句意是說：內心憂恐，那麼嘴裏吃著肉食，也感覺不到它的味道；耳聽鐘鼓的音樂，也感覺不到它的聲調；眼睛看著華麗的花紋，也感覺不出它的形狀；蓋著輕鬆暖和的被子，睡著平平整整的席子，身子也感覺不到舒服。

10　故向萬物之美句：向：通享，享受。嗛：同慊，滿足，引申為愉悅。句意謂享受了「萬物之美」卻不能感到愉悅。

11　心平愉句：傭：通庸，平常。意謂心情平和愉快，那麼，即使顏色不如平常的那樣好看，看著卻也舒服，即使聲音不如平常那樣好聽，可是聽起來也很悅耳，……所以雖然沒有享受到「萬物之美」，卻能夠培養自己快樂的心情。

虛一而靜
——先秦時期最具辯證思想的審美心理虛靜說

在認識和審美感知的過程中，人應保持一種虛靜清明的心態的說法，在先秦時期老子、莊子和管子學派都曾談到過，他們都認為，要排除內心的一切雜念、成見，保持一個虛靜空明的心境，才能有正確、客觀的認識，才能有真正的美和美感。這對於審美欣賞、審美創造來說，無疑都有其積極的意義，應當給予肯定。但是老子的「滌除玄鑒」[1]觀，要求「致虛極，守靜篤」[2]，卻把所謂的「虛」強調到了極致，把「靜」與「動」截然割裂分開。管子學派講「虛」，又著重在「無藏」、「無己」[3]，因而在排除主觀雜念、偏見的同時，連已經儲藏的知識也一併納入在排除之列。至於莊子，他的「心齋」、「坐忘」[4]之說，既要求「若一志，無聽之以耳，……無聽之以心」，又強調要「墜肢體，黜聰明，離形去知」，這更是要人完全「無己」、「忘我」，達到忘懷一切的境地，豈不是也走向了極端麼？

1　滌除玄鑒：參見本書第十四篇。

2　致虛極，守靜篤：見《老子》第十六章。句意謂達到極度的空虛，保持深度的靜謐。有了這樣的心境，才能觀照宇宙萬物的根源和本體。這是老子對「滌除玄鑒」的進一步的闡述。

3　「無藏」、「無己」：見《管子心術上》：「不修之此（指心）焉能知彼（指客觀事物）？修之此，莫能（如）虛矣，虛者無藏也。」「虛」，就是排除主觀的欲念和成見，也就是「無己」。「藏」：已經貯藏的知識、經驗。無藏：是指排除主觀成見，也可理解為排除已經累積的知識。

4　「心齋」、「坐忘」：參見本書第二十三篇。

這一切便與荀子的「虛一而靜」說大異其趣，有著本質上的區別。基於其「凡人之患，蔽於一曲」⁵的認識，荀子在《解蔽》篇中具體分析說：

　　「心未嘗不臧也⁶，然而有所謂虛；心未嘗不兩也⁷，然而有所謂一；心未嘗不動也，然而有所謂靜。人生而有知，知而有志，志也者，臧也⁸；然而有所謂虛，不以所已臧害所將受，謂之虛。心生而有知，知而有異，異也者，同時嗛知之⁹；同時嗛知之，兩也；然而有所謂一，不以夫一害此一謂之壹。心臥則夢，偷則自行，使之則謀¹⁰。故心未嘗不動也，然而有所謂靜，不以夢劇亂知謂之靜¹¹。……虛一而靜，謂之大清明。萬物莫形而不見，莫見而不論，莫論而失位¹²。坐於室而見四海，處於今而論久遠，疏觀¹³萬物而知其情，參稽治亂而知其度¹⁴。」

　　由此可見，在荀子心目中，「虛」與「臧」，「一」與「兩」，「靜」與「動」，都是相互聯繫、相互依存的矛盾統一的概念。可以說沒有前者，便沒有後者；沒有了後者，前者也就失去了意義。然而荀子卻認為所謂的「虛」，不是要排除已經貯藏的知識，而只是「不以所已

5　凡人句：蔽：蒙蔽、蔽塞。句意說人們認識上的通病，是被事物的片面所蒙蔽。
6　臧：通藏，包藏、貯藏，此處指已經貯藏的知識，或已形成的思想、保持的記憶。
7　兩：原作滿。根據《荀子集解》楊京的說法校改。兩：同時兼知兩種以上的事。
8　人生而有知句：志：記憶。句意是說，人生來就有認識事物的能力，能認識就有記憶，記憶就是心中的貯藏。
9　同時嗛知之句：嗛：通兼。句意是說，心生來就有認識事物的能力，有認識的能力，就能知道各種事物的差異，知道各種事物的差異，就同時兼知了許多的事物。
10　心臥則夢句：偷：放任。謀：思考。句意是說，心在睡覺時就會做夢，放任時就會胡思亂想，使用時就會思考問題。
11　不以夢劇亂知句：夢：包括夢想。劇：煩亂，句意謂不用雜亂的思想而干擾認識，就叫做靜。
12　失位：位：位置。失位：搞錯位置或指不恰當。
13　疏觀：通觀，洞察。
14　參稽治亂句：參稽：考查驗證。度：法度。句意謂考查社會的治亂而通曉它的法度。

臟害所將受」，即不以已有的知識來妨礙將要接受的新知識。同樣，所謂的「一」，也不是要排除兼知的各種事物，而只是「不以夫一害此一」，即不要因兼知多種事物而妨礙對此一事物的探究。至於所謂的「靜」，也不是要排除思維的活動，而只是「不以夢劇亂知」，即不要用一些胡思亂想來妨礙自己的認識活動。

這便是荀子對「虛一而靜」辯證的分析和全面的闡述。

接下來他說，做到了「虛一而靜」，那就進入了「大清明」的境界（即在「有臟」、「有兩」、「有動」的情況下，排除了人的各種雜念、偏見，使心理處於虛靜清明的狀態，從而對事物有全面、透徹認識的一種思想境界）。那麼，世上萬物的形象就沒有不被你識別的，能識別就沒有不能分出條理來的，能分出條理就沒有搞錯位置或不恰當的。達到了「大清明」的境界，人們便能坐在室內而認識天下，處在當代而談論古遠，通觀萬物而掌握其實際情況，考察社會的治亂而通曉它的法度。這功用是何等的巨大，這想像又是何等的廣闊！

當然，在這個問題上，由於荀子其時並不懂得社會實踐在人的認識活動中具有決定作用的道理，因而所謂「大清明」的境界，對於人的思維的主觀能動作用，有著明顯的誇大之蔽，這是無須諱言的，也是其歷史局限性必然的反映。

然而對於審美創造，尤其是對於藝術構思來說，他的這種看法又是極其合理的，是必不可少的一種審美理念。不然何以西晉陸機在其《文賦》之中，開篇就說「佇中樞以玄覽」（玄覽即虛靜的內心觀照），並要求作家創作要「精騖八極，心遊萬仞」、「觀古今於須臾，

撫四海於一瞬」呢！而且後來到了南朝，劉勰在其《文心雕龍·神思》篇中又再次強調藝術創作是一種「思接千載」、「視通萬理」的想像活動，因此更是要「陶鈞文思，貴在虛靜，疏瀹五藏，澡雪精神」。

　　看來，荀子的「虛一而靜」說，在中國美學史上確實有著很大的影響，他對審美心理虛靜說的具體分析和闡述在先秦時期堪稱是最為辯證、最為全面。雖然其中有一些誇大不確之處，或者說有一定的歷史局限性，但對一個唯物主義的大思想家來說，那肯定是瑕不掩瑜！

大者，壯也
——先秦時期最具代表性的崇高觀

在《周易・大壯》卦裏對於「大壯」，有這樣一條解釋：「《彖》曰：大壯，大者壯也[1]。剛以動[2]，故壯。」意思是說，在《彖傳》看來，大是什麼？大就是壯。而宇宙間的事物，陽剛為大，陽剛充沛而奮動，表現出強而有力的特點，所以叫壯。從文字學的角度看，《說文解字》說：「壯者，大也。」「而可以參天地是為大。」故「大」、「壯」二字可以互文。而卦辭中數次將大壯連用，可見那是指大而又大，可以參天地的事物。

這一說法，與西方所說的「數學的崇高」[3]非常相似。因為在那裏，崇高的事物是「絕對的大」，「它是無法較量的偉大的東西」[4]。至於「《象》曰：雷在天上，大壯。」那更是將「大壯」，形象地描

1　大：與小相對。《說文》曰：「天大地大人亦大焉，象人形。」「按天之文從一大，則先造大字也。人之文但象臂脛，大文則手足皆具。而可以參天地是為大。」壯：強壯、雄壯。《說文》曰：「壯，大也。凡人之大謂之壯。」故「大」、「壯」二字可以互文。

2　剛：堅硬、剛強。

3　「數學的崇高」：由於翻譯的不同，有的也譯「數量的崇高」。這是康德在其《判斷力批判》中「崇高的分析」一章裏，關於崇高類型劃分的一種說法。康德認為崇高有兩種：一種是數學的崇高，一種是力學的崇高。「數學的崇高」其特點在於對象體積的無限大，或無比的大。這種大不是根據某種外在的單位尺度或概念來比較的，它本身的無限就是估計的標準。按康德的話來說：「崇高：是僅僅能夠思維它，證實了一個超越任何感官尺度的心意能力。」這就是他所謂的「絕對的大」，也就是「數學的崇高」。

4　康德：《審美判斷力的分析》第二章《崇高的分析》，《西方美學名著提要》（瀋陽市：遼寧人民出版社，1987 年）。

繪為一幅雷在天空，聲威赫赫，震動百里的壯美圖景，讓人有一種「驚而且快」的崇高之感。只不過人處於安全地帶觀之，主體並不受到無限力量的壓迫，不伴隨恐怖和痛感。這又與西方的崇高不盡相同。

值得指出的是，在先秦時期將「大」作為崇高觀念論說和解讀的，除了《周易》還大有人在。

例如孔子在《論語‧泰伯》篇中講：「大哉！堯之為君也。巍巍乎[5]！唯天為大，唯堯則之[6]。蕩蕩乎[7]！民無能名焉。巍巍乎！其有成功也。煥乎！其有文章[8]。」充分體現了他的「大」之陽剛的社會觀和價值觀，也體現了孔子對崇高的理解和高揚。孔子連用兩個「大」，兩個「巍巍乎」來讚頌，無疑認為堯之為君進入了極其崇高的審美範疇。從原文的本義來看：「偉大啊！堯這樣的君主。崇高啊！天是最偉大的。只有堯能效法天那樣的偉大。堯的恩德廣博無邊，百姓不知道用什麼語言來稱讚他。他的功績多麼崇高！他的典章制度多麼光輝」，孔子所謂的「大」的特點是崇高、廣大而又有光輝。而且這種「大」「民無能名焉」，所以還包含了一定的「無限性」。這可以說是孔子對堯之為君讚揚和肯定的實質。

其後，孟子對「大」作了比「美」更高層次的界定。在《盡心下》篇中他說：「可欲之謂善，有諸己之謂信，充實之謂美，充實而有光輝之謂大。」什麼意思呢？焦循解釋說：「『充實』即充滿其所有，

5　巍巍乎：巍：高大。巍巍乎：崇高啊！
6　則之：則：效法，以之為則。效法天那樣的偉大。
7　蕩蕩乎：廣大、廣博。
8　煥乎：鮮明、光輝。文章：指古之典章制度。

以茂好於外……『大』比美更高一層，是達到了充實而有光輝的『至大至剛』境界的雄奇或偉大。」（《孟子正義》）看來，孟子的「大」，實際上也具有了崇高的品格。特別是聯繫起《滕文公下》裏他所稱道的「富貴不能淫，貧賤不能移，威武不能屈，此之謂大丈夫」來看的話，那所謂的「大丈夫」，可以說就是人裏面真正的人、高尚的人，是「充實而有光輝」的個體人格精神之崇高的具體體現！

至於道家，老莊都多次談論過「大」，莊子還把「大」作了比「美」更高一層的區分（《莊子‧天道》）。特別是在《老子》第二十五章中，老子甚至還把他那「可以為天下母」的道，也「強名之曰大」。可見這個「大」（也就是道）是他哲學的中心範疇和最高範疇。但是由於老子是從道的自然無為的觀點，來觀察萬事萬物的，因而老子美學同他的哲學又常常是融為一體密不可分。老子論道（大）的許多言論，實際上也同樣包含了他對於美和崇高的看法。例如第五十一章講的「生而不有，為而不恃，長而不宰，是謂玄德[9]」就是如此。這裏一方面他既是講「道」如何化生了萬物，養育了萬物，而自己卻不據為己有，不居功自恃，不主宰它們，是一種不可測度的大德，同時他又是在談崇高的人格之美，一種類似道德情操的至高境界。而且這種境界要求「聖人無常心[10]，以百姓心為心」（第四十九章），要求「聖人不積」[11]才能「既以為人，己愈有[12]；既以與人，己愈多」（第八十一章）。由此可見，這樣的「大」（道）又是何等的廣博、無私而又多麼的高尚！

9　玄德：玄：深遠、深奧。玄德：不可測度的大德。
10　無常心：無一定的主觀成見。
11　積：積蓄，聚藏。
12　既以為人，己愈有：愈：更加。句謂，盡全力去幫助別人，自己反而更加富有。

此外，從老子之「大」的外在特徵來看，又是大到看不見聽不到的「無狀之狀，無物之象」（第十四章），或者如第四十一章中所講的「大音希聲，大象無形」，「道隱無名，唯道善貸且成」（只有道才善，能施貸萬物，而無所不成）。這個「無之以為用」[13]的「道」（大）又具有一種「無形式」、「無限制」的特點，是能夠引起人的驚歎和崇敬的「無限大」的一種「混茫」境界了。

老子之後，對「大」談得較多的要首推莊子。要而言之，他在《天道》篇中借舜之口說堯的用心「美則美矣，而未大也」，「夫天地者，古之所大也，而黃帝堯舜所共美也」，以及《知北遊》中講的「天地有大美不言……聖人者，原天地之美而達萬物之理」等，都充分說明，莊子的「大」是「以德合天地為其美」[14]的「大美」，就是存在於天地中最美的事物。或者說「大美」便是自然無為，是他最崇高的理想。這和老子相似，看見的都是一種「陰柔」的屬性。

但是莊子也不是沒有正面談到過「大」的「陽剛」的特徵和屬性。他不僅在《人間世》裏提到過體積巨大的「其高臨山十仞而後有枝」的櫟社樹，在《逍遙遊》中講到過氣勢宏偉「怒而飛，其翼若垂天之雲」的大鵬，而且在《秋水》篇裏他還借海鼈的口，對「東海的大樂」作過一番精彩的描述和議論呢！他說：「夫千里之遠，不足以舉其大[15]；萬仞之高，不足以極其深[16]。禹之時，十年九潦[17]，而水

---

13 無之以為用：見《老子》十一章。意謂處於虛空的「無」，才是真正有用的所在。
14 此處引自郭慶藩《莊子集釋》。意謂莊子所謂的「大」是「以德合天地為其美也」，主旨是講自然無為是天地的大美。
15 舉：稱、形容。
16 極：盡、量盡。
17 潦：同澇，雨大水淹。

弗為加益[18]；湯之時，八年七旱，而崖不為加損[19]。夫不為頃久推移，不以多少進退者[20]，此亦東海之大樂也。」這段話就形象地說出了一個深廣不可測度的「大樂」（即大美）是不以時間的長短、數量的增減而有所改變的。實際上他就是在講一種永恆的、無限大的事物之崇高的特徵和屬性。

總之，「大」（壯）是先秦時期崇高的特殊稱謂，它的提出和闡發，從吳季札對周樂《韶箭》的評論：「德至矣哉，大矣！如天之無不幬也，如地之無不載也」[21]，到《周易·大壯》的「《彖》曰：大壯，大者壯也」，其間儒道倆傢俱有代表性的人物，差不多都談到過「大」，論說過「大」。同時幾乎是以儒道兩家的既對立又互補的著作，作為基礎，融合了陰陽、五行諸說的研究成果，從而形成一種崇高的東方模式。

雖然，他們都充分肯定自然領域和藝術領域裏的崇高事物，而且他們所謂的「大」，又都如「其翼若垂天之雲」的大鵬，「雷在天上，大壯」那樣，具有很強的可感性、形象性，但是各家又有不同。儒家談「大」時，常常側重於從陽剛的社會人生、人格道德的角度去表述和論說「大」的崇高內涵；而道家呢，則往往是從陰柔的自然無為的視角去闡釋解讀「大」之為「大」。從上述這些特點我們不難發現，先秦時期最具有代表性的「大」的崇高觀，既與西方之崇高論說有同有異，並非全異；又與後來的「陽剛之美」、「壯美」不同，卻又一

18 加益：愈來愈多，指水位上漲。
19 加損：愈來愈少，指水位下降。崖：通涯，指水邊。
20 夫不句：意思是說不會因為時間的長短，數量的多少而有所變化。頃：短暫。推移：改變。多少：雨水多少。進退：指水位升降。
21 此處引自《左傳》襄公二十九年，是吳公子札應聘至魯，觀周樂時的一段評論。

脈相承。

　　先秦「大」（壯）的崇高觀對後世的審美理念、社會人生和文藝創作都產生了深遠的影響。我們簡單回顧一下：漢代揚雄所推崇「博大艱深之美」，《淮南子》主張「自然雄渾之美」，唐代提倡「氣骨剛健之美」等，這些無不與先秦「大」（壯）的崇高觀有著不解的淵源。再看一看屈原和他的《離騷》，岳飛和他的《滿江紅》，文天祥和他的《正氣歌》，以及李白、杜甫、蘇軾、陸游等人的詩、文，都有著「浩然之氣」，有著「磅　萬物」、「揮斥八極」的氣魄和力量，不正說明「大」（壯）的崇高觀的影響之大、生命力之強麼？

立象以盡意
——中國美學史上第一次明確提出的意象關係說

在中國美學史上，「象」這個範疇其實早在春秋時期老子就談論過了。不過，老子所講的「象」不是卦象、物象，而是道的一種指代稱謂，如「道之為物，……其中有象」，「執大象，天下往」，以及「大象無形」[1]等都是如此。「意」，孟子和莊子也都談論過。只是孟子的「意」，是與「文」、「辭」、「志」相聯繫的，與象無關，如「不以文害辭，不以辭害意。以意逆志，是為得之」[2]；而莊子的「意」，僅僅是與「言」相關的「言者所以在意，得意而忘言」[3]。到了《易傳》[4]，才把「象」與「意」聯繫起來，並加以闡發，第一次明確提出來一個與藝術形象創造相通的美學命題——「立象以盡意」。《易

---

1 「道之為物」三句：分別引自《老子》第二十一章、第三十五章、第四十一章。所謂的「象」是言物象、形象。所謂的「大象」皆指大道。

2 「不以文害辭」句：見《孟子萬章上》。意謂不要拘泥於文字而誤解詞句，也不要拘泥於詞句而誤解原意。用自己的體會感受去回溯推求作者的本意，那才能有合理的解釋，得到詩的真諦。

3 「得意而忘言」：見《莊子外物》。意謂掌握了意義就忘掉了語言。「言」是手段，「意」是目的。莊子的意思是說人們不要被形式所迷惑，忘記了目的與達到目的的手段之間的主次關係。

4 《易傳》：即《周易大傳》，是一部解說和發揮《易經》的古代文集。共十篇。其中《繫辭傳》、《彖傳》成書較早，大約是戰國中期的作品，而其它各篇均晚出，大約在秦漢之間。《易傳》把陰陽觀念轉化為以陰陽學說為核心的哲學體系，又由於《易傳》的思想內容極為深刻而且豐富，涉及自然、社會、人生的歷史發展等等範圍，所以又被看做是「彌綸天地，無所不包」的一種解釋世界的模式。《易傳》在哲學史、美學史上都是一部非常重要的著作。

傳》上說：「子曰：『書不盡言，言不盡意。』然則聖人之意，其不可見乎？子曰：『聖人立象以盡意，設卦以盡情偽，繫辭焉以盡其言，變而通之以盡利，鼓之舞之以盡神。』」（《繫辭上》）

這段話的意思是，以文字寫成的書，無法完全表達所要講的話；語言也不能完全表達心中所想的意念，所以聖人才建立卦象來表達無法傳達的意思；設置六十四卦將萬物複雜變化的真偽，儘量顯示出來。而且附加的文辭（指繫辭），用以充分表達所要說的話；又使其變化流通，儘量給人提供便利，並用它的道理來鼓舞大家，儘量發揮它神奇的功能。

在《易傳》的作者看來，「言」、「象」、「意」這組關係中，「言」與「象」都是手段，只有「意」才是目的。既然「書不盡言，言不盡意」，那麼聖人只好「立象」來「盡意」了。但是這個「象」究竟是什麼？為何「言」不能「盡意」，而「象」卻可以呢？

這就得首先從「象」說起。因為《易傳》中的「象」，本來就如乾為天，坤為地那樣，是一種用符號來指稱、象徵現實事物的卦象。可是這個「象」卻又是形象的「象」，是感性的，可見的，而且它還是對現實事物的一種模擬、寫照和反映。如《繫辭下》所說的：「易者，象也。象也者，像也。」[5]《繫辭上》所說的：「見乃謂之象。」「聖人有以見天下之賾，而擬諸其形容，象其物宜，是故謂之象。」[6]都是此意。從具體的實例來看。例如賁卦是由艮上離下組成，艮為

---

[5] 「易者象也」句：易：指《周易》。象：象徵。句意是說《周易》的內容，在於象徵（指模擬宇宙萬物的形象）。
[6] 「聖人有以」句：賾：雜也。句意謂聖人看到天下萬物的繁雜，因而模擬天下萬物的容貌，以象徵萬物應有的形象，所以叫做「象」。

山，離為火，卦象是山下有火。那麼火光照著山上的草木、花枝，變換出各種鮮豔的顏色。這不是很美的景象嗎？再如豫卦是由震上坤下組成。震為雷，坤為地。象辭說：「雷出地奮，豫。先王以作樂崇德，殷薦之上帝，以配祖考。」[7]這就不但說「象」的內涵在於象徵，是模擬萬物的形象，而且連音樂的功能也包括在裏面了。所以孔穎達在其《周易正義》中便說：「凡《易》者，象也，以物象而明人事，若《詩》之比喻也。」其意思是說《易傳》的「象」是與《詩經》中的比喻相似、相通的一種藝術形象。

而所謂的「言」則不同。它是指一般性的語言，其含義一般都清楚地表現在確定的概念上，是一種邏輯的、非藝術的語言，故此才有「言不盡意」之說。

至於聖人的「意」，其內涵要豐富得多。可以說包括了上自國家社會的治理，君子的建功立業；下至個體的意志、情感、作為、成敗等等，甚至還有一些深微神妙不可測度、不可言傳的東西。比如《繫辭上》講的：「夫易，聖人之所以極深研幾也。唯深也，故能通天下之志；唯幾也，故能成天下之務；唯神也，故不疾而速，不行而至」[8]；以及「夫易開物成務，冒天下之道[9]……是故聖人以通天下之志，以定天下之業，以斷天下之疑」[10]等，便充分說明這個「意」

---

7 「雷出地奮」數句：《集解》引鄭玄曰：「奮，動也。」殷，盛也。薦，進也。高亨曰：「崇猶尊也，崇德謂尊崇其德而歌頌之。」句意是說雷出地上，震動萬物，時為春季，萬物欣欣向榮，是以卦名曰豫。先王觀此卦象，從而創作音樂尊崇其德而歌頌之，盛情地進獻於上帝，並用它來祭祀祖先。

8 幾：微也。這段話的意思是說，《周易》這本書，聖人用它來窮究事理的深奧，研求事物的微妙。由於易道深奧，所以它能貫通天下人的思想；易道微妙，所以它能定天下的事務；易道神奇，所以看不到快速，卻能快速，看不到進行，卻能達到目的。

9 「夫易開物成務」句：開物：開啟智慧。意謂《周易》是一本開啟智慧，成就事業，包括天下一切道理的書。

10 「是故聖人」句：所以聖人用《周易》來溝通天下（人）的意志，奠定天下的事業，判斷天下的疑問。

的多義性，並具有非概念所能窮盡的特點。

因此，「言」和「意」的關係儘管也是一種手段與目的的關係，但比起「象」和「意」的關係來，那就大不一樣了。因為「象」除了具有上述的象徵、模擬，具有藝術形象的內涵之外，在一定意義上它還有「其稱名也小，其取類也大，其旨遠，其辭文，其言曲而中，其事肆而隱」[11]的特點。所以《易傳》的「象」，便不僅是簡單的卦象，而是可以「盡意」的一種象徵的形象和手段。而「立象以盡意」的命題，既包含有以小喻大，以少總多，由此及彼，由近及遠的功能，具有「以物象明人事」的豐富內涵，還涉及藝術形象以個別表現一般，以單一表現繁複，以有限表現無限的共同的規律。

這便是「象」與「言」的重要區別，也是「象」之所以能夠「盡意」的根本原因。

當然《易傳》作者的本意並非為了說明藝術的欣賞或創造，但是客觀上「立象以盡意」的說法卻道出了藝術創造和欣賞所具有的非概念所能規定的特徵。這對後世的藝術理論和審美實踐都產生了很大的影響。如後來劉勰在《文心雕龍・神思》中提出的「意象論」[12]，唐代王昌齡在其《詩格》中提出的「境」[13]（即「象外之象」的說法），

---

11 「其稱名也小」數句：見《繫辭下》。意思是說，它所用的名稱雖然微小，但取類似事物以為喻，意義就很大了。而且它的旨意深遠，文辭高雅，在委婉曲折中如實表達事理，無不中肯；敘事直截了當，卻還隱藏著深意。
12 意象論：「意象」是《文心雕龍》中第一次提出的一個美學範疇。「意象」有兩種含義，一是指作家頭腦中的意象（如「胸中之竹」）；二是指體現在作品中的意象（如「手中之竹」）。劉勰所言之意象是指前者。其意象論的主要內涵有兩點：（一）審美意象要鮮明生動，可以直接感受，即「狀溢目前曰秀」。（二）這個審美意象又必須是「義生文外」的，也是「情在詞外曰隱」的意思。所以要用「文」、「詞」組成生動可感的形象來表達。此外《神思》篇中也有具體的分析，此處從略。
13 「境」：作為美學範疇，最早出現在王昌齡的《詩格》中。其主要觀點是：「處身於境，視境與心。瑩然掌中，然後用思，了然境象，故得形似。」以及「搜求於象，心入於境，神會於物，因心而得」等。但什麼是「境」呢？劉禹錫解釋說，「境生於象外」（《董氏武陵集記》），於是後來便有「象外之象」的說法。

都直接或間接地源於《易傳》的象意關係說，並且因為「象」能夠作為藝術對現實的形象反映來理解，因而後世一些論繪畫、書法的著作，也經常引用《易傳》的話來作為其理論根據，可見其影響是多麼的深遠和廣泛。

「陽剛」與「陰柔」
——中國美學史上最初關於「壯美」與「優美」的區分及其關係說

　　《易傳》由於對《易經》進行了根本性的改造，揚棄了其宗教巫卜的內容，並借助其框架建立了以陰陽學說為核心的哲學體系，因而書中談到陰陽與剛柔的地方隨處可見，比比皆是。其中較為明顯、集中的見於《說卦》的開篇兩段。

　　一段：「昔者，聖人之作易也，……觀變於陰陽，而立卦[1]；發揮於剛柔，而生爻[2]；和順於道德，而理於義；窮理盡性，以至於命。」是說卦、爻的製作原理，是根據天地陰陽的變化和陽剛陰柔的作用而產生的，目的是窮究天下萬物的道理和其本性，以至使之無不合於天道。另一段：「昔者聖人之作易也，將以順性命之理。是以立天之道，曰陰曰陽；立地之道，曰柔曰剛。」則是說明建立卦象的法則，也是用陰陽剛柔來作出界定。所以整體觀察，「陽剛」與「陰柔」便成為貫穿《易傳》全書的一條主線，是它的核心思想。

1　觀變於陰陽句：意思是說天地萬物皆有陰有陽，陰陽常有變化。作者觀察事物的陰陽變化，因而設立了陰卦和陽卦兩類，以卦的變化來象徵物的變化。
2　發揮於剛柔句：陽為剛，陰為柔。作者發揮物的剛柔兩性，因而創造出剛柔兩種爻辭，用它來象徵萬物的剛柔兩性。

雖然《易傳》並沒有明確談到過「陽剛之美」與「陰柔之美」的區分及其關係，但是客觀上卻談過這個問題，並涉及「壯美」與「優美」的實質與特徵。《繫辭傳》講「乾坤其易之門邪？」「乾坤其易之縕邪？」[3]乾、坤是進出《易傳》的門戶，不入其門，怎見其「縕」呢？我們來看看乾卦和坤卦具體是怎麼講的。

　　對於乾卦，《易傳》說：「乾：元、亨、利、貞。」「彖曰：大哉乾元！萬物資始[4]，乃統天[5]。」（《乾卦》）

　　這便是《易傳》對「乾」（也就是天）概括評價和高度讚頌。「乾」所具有的四種德，《文言》說得很清楚：「元者，善之長者；亨者，嘉之會也；利者，義之和也；貞者，事之幹也。」而《說文》又說：「嘉，美也。會，合也。」可見，「乾」不僅是美善的尊長，仁義的和合，處事的根本，而且還彙集了一切美的內涵和屬性。《乾卦》讚美「乾」的天德之善創始萬物，萬物便統屬於天。

　　而《乾卦》又說：「乾元者，始而亨者也。利貞者，性情也。乾始能以美利利天下，不言所利，大矣哉！大哉乾乎，剛健中正，純粹精也[6]。」

　　這段話更是對「乾」這個擬人化了的天，作出的盡情歌頌和無以復加的讚美。它先是說乾元首創了萬物，是使之亨通暢達的本元；它固有真正的稟性和氣質；在初始階段「乾」就能以美好的利益施於天

3　縕：同蘊，藏也。「易之縕」，即易道的蘊藏，這裏指《易傳》的內容。邪：讀為耶，語氣詞。

4　萬物資始：資：賴也。意謂萬物要依賴它才能萌發生長。

5　乃統天：統：屬也。謂萬物都歸屬天。

6　純粹精：古時認為色不染曰純，米不雜曰粹，米至細曰精。這裏是用來形容「乾」的天德。

下，而又不居功自表。接著又講「乾」的剛健中正之德，已達到純粹而精的地步，甚至連用「大矣哉」、「大哉乾乎」來加以讚頌，這不充分說明「乾」不但「美」而且是「大」了麼？而其時「大」「壯」互文，是崇高的一種特殊稱謂。（參見本書第三十四篇）

「乾」為陽，為天。天剛健，而且陽剛為大，「大者壯也」，故「乾」是一種壯美的陽剛之美。而《坤卦》卻與《乾卦》相反，「坤，陰物也」（《繫辭下》），「坤為地，為母」（《雜卦》），無論牝馬的形象：「行地無疆，柔順利貞」，還是說：「至哉坤元，萬物資生」，以及「坤厚載物，德合無疆」[7]等，都是以「順承天」為前提的。「坤」的上述種種美、德，都是與地相聯繫的一種陰柔之美、母性之美（類似今人所謂「大地是人類的母親」），其基本特點是：柔順、至靜、利貞、寬厚。加之「坤」又「含章可貞」[8]（即它的這種美含之於內而不外露）。如此一來，這就使得《坤卦》的描述和闡釋更加接觸到了「優美」的重要特徵和內核——柔和、內含。因而「坤」的陰柔之美，也就具有了優美的屬性和特質。只是這種優美《易傳》描述說明得不夠充分，不夠鮮明，僅可作為一種範疇來理解。這也是與其時的歷史背景[9]有關，此處不再贅述。

值得特別指出的是，儘管《易傳》把「美」作出了「陽剛」與「陰柔」這兩種不同類型的劃分，並對後世的審美意象、藝術風格等都有

---

7 坤厚載物，德合無疆：坤，大地。厚，寬厚。合：及、普及。句謂大地寬厚負載萬物，它的地德普及萬物，而無邊廣大。

8 含章可貞：章：文章、文采。貞：正也。「含章可貞」是說大地充滿文采，不失柔順的正道。

9 《易傳》的作者所生活的時代，是戰爭頻繁、社會劇烈變革的時代。在這個「殺人盈城殺人盈野」的歷史時期，很少有優美境界存在的餘地。雖然這個時代也有美，但大多屬於壯美。特別是中國美學對於優美的認識，往往是同山水、花鳥詩畫、田園牧歌式的生活情景相聯繫的，所以先秦時期還不可能對優美的特點有充分的認識，而《易傳》中所謂的優美，實際上只是一種初始階段的樸素的審美觀念而已。

著巨大的影響，但是在《易傳》的作者看來，「陽剛」與「陰柔」卻並非是互相排斥、完全對立的。相反，二者既可以相互滲透相反相成，而且在一定條件下還可以相互轉化。如《兌卦》：「剛中而柔外，說以利貞。」《離卦》：「柔麗乎中正，故亨。」都是說剛、柔要相互結合、補充，才能亨通，才能有利貞的和悅。剛中無柔，就顯得死板、枯燥；柔中無剛，那也會萎靡、軟弱。所以最好是能剛柔相濟相生，恰到好處，無過無不及，這才能在社會人生、藝術創作中發現真正的美和美感。《易傳》的這一看法，明顯地反映了儒家「中和之美」的觀點，並包含了老子辯證思想深刻的內涵，其意義十分重大。「坤至柔而動也剛」[10]，是相當精闢的，富有辯證思想的見解。《乾卦》又講：「亢龍有悔，與時偕極」[11]，「盈不可久也」[12]。《坤卦》也講：「陰疑於陽必戰。為其嫌於無陽也，故稱龍焉[13]。」其實，這都是說宇宙間的事物（包括自然界、社會、人生）都有一條恒久不變的規律，那就是盛極必衰，陰極而陽。

這便是先秦時期《易傳》最初關於「壯美」與「優美」的劃分，及其關係的最樸素、最辯證的說法。無論是對後世的文藝理論還是藝術實踐（包括藝術創作、欣賞、藝術風格等），它的影響都極其廣泛和深遠。尤其是經過劉勰、姚鼐的繼承、闡述和發揮，其意義更加清

---

10 坤至柔句：見《文言》，句謂坤卦的性質極為柔順，但當它變動時卻很剛健。

11 亢龍有悔，與時偕極：亢：極高曰亢。悔：災禍，不幸，「亢龍有悔「，是說龍飛到了極高之處，自逞其能，脫離雲層。比喻位居極高的統治者，驕傲自滿，脫離臣民，故有不幸或災禍。「與時偕極」：指時與龍都達到最高點。陽氣達到極盛，盛極必衰。此時，約當夏曆九、十月，陽氣由極而衰，草木由極而衰，龍亦由亢而有悔了。這就是「與時偕極」。

12 盈不可久也：上承「亢龍有悔」。盈：滿也。句意比喻居極高位之統治者，驕傲自滿，脫離臣民則不可長久。

13 陰疑於陽句：疑，王引之曰：疑又言擬也。意謂坤卦六爻皆陰爻，與陽勢均力敵，則必互相鬥爭。嫌：疑也，通擬。王弼本衍「無」字。嫌於陽即擬於陽。意謂坤卦上六之陰達於極盛，其勢力等於陽，龍為陽物，所以稱之為龍。

晰、明朗，影響也就更加廣大。難怪今人張岱年先生說：「在先秦典籍中，《易傳》是思想最深刻的一部書，是先秦辯證法思想發展的最高峰。」[14]

14 張岱年：《中國哲學史史料學》（北京市：三聯書店，1992 年），頁 26。

音由心生，物感心動
——先秦美學中關於音樂藝術的本質規律的物感說

　　《樂記》[1]一開頭的《樂本篇》便提出：「凡音之起，由人心生也。人心之動，物使之然也。感於物而動，故形於聲；聲相應，故生變，變成方，謂之音。比音而樂之，及干戚羽旄[2]，謂之樂。」之後又強調說：「凡音者，生人心者也。情動於中，故形於聲。聲成文，謂之音。」

　　看來它對音樂的產生及其過程的確十分重視。兩段話其實是一個意思，就是說，凡是音樂，都是從人的內心產生的。人心的活動，是外物的刺激、影響所造成。內心的情感由於受到外物的影響而激發出來，所以表現成為聲音。聲音的變化有了節奏和旋律，就叫做音樂。只不過前段話講得更細一點，「聲相應，故生變……謂之樂」，意謂

1　《樂記》：是中國最早的一部音樂理論專著。舊傳有二十三篇，現存只有十一篇，保存於《禮記》和《史記》之中。作者尚無定論，成書時間說法不同，但多數學者認為當在荀子之後。雖然《樂記》是對孔子以來儒家音樂美學思想的系統總結，但其意義已超越了音樂範疇。由於中國古代的「樂」實際是詩歌、舞蹈、音樂的總稱，因此關於「樂」的理論，其實也就是藝術的理論。《樂記》對音樂在社會生活中的作用講得很多，對音樂的本質也作了深入的探討和分析，實是音樂美學的重要經典。
2　干戚羽旄：干、戚：古代的兩種兵器。干：盾牌。戚：斧類之兵器，兩者常用於武舞。旄：犛牛尾。羽旄常用於文舞。用作飾物。

按照音樂來進行歌唱，再配以干戚羽旄來舞蹈，於是便稱之為
「樂」。

這些在今人看來非常明顯的道理中，卻提出了兩個最有特點的唯
物的審美觀點：

一、關於音樂的產生問題。《樂記》認為，「音由心生，物感心
動」。它不同於《呂氏春秋·古樂》所說的，「帝堯立，乃命質[3]為
樂。質乃效山林、溪谷之音以歌」，於是便「命之曰《大章》」，認為
音樂來自對大自然的簡單的模擬，或傚仿。也不像《呂氏春秋·大
樂》篇中所說的，「音樂之所由來遠矣，生於度量，本於太一[4]」，
把音樂的起源看作是來自於陰陽的本元。《樂記》突出的是「物感心
動」這一主旨，並具體地闡述了其產生的全過程是：感於物、動於
情、形於聲、成於文，然後才能有「音」。缺少任何一個環節，強為
之「音」，那將是無病呻吟，或者是空穴來風。

二、關於音樂藝術的本質問題。《樂記》的上述兩段文字，已經
講得非常明確：音樂的產生，「皆由心生」，而人的內心的情感（「情
動於中」）是因受到外界的影響而激發出來的，所以才「形於聲」。
可見音樂（藝術）的產生，是離不開情感表現這一基本要素的。只不
過在《樂記》的作者看來，不同的情感表現出來的聲音也大不相同罷
了，如《樂本篇》所說的那樣：「其哀心感者，其聲噍以殺[5]；其樂

3　質：人名，帝堯時的一個樂官。
4　生於度量，本於太一：古代把音律分成三等分，增或減一分，便產生新的旋律。度量：指音律度數的增減。太
　　一：指道。按照陰陽家的看法，太一產生天地，天地產生陰陽。陰陽變化產生了萬物，有了萬物便有了聲音，故
　　音樂產生於陰陽的本元—道。這是陰陽家的樂論。
5　噍：急、急促。殺：衰微、零落。

心感者，其聲嘽以緩[6]；其喜心感者，其聲發以散[7]；其怒心感者，其聲粗以厲[8]；其敬心感者，其聲直以廉[9]；其愛心感者，其聲和以柔。」

但是，無論是什麼樣的「聲」，興高采烈的大喊大叫也好，悲痛欲絕的呼天喊地也罷，都不是審美的聲音，只是一種自然之聲。也就是說，不是任何情感的表現都可以成為音樂的。它必須「聲成文」[10]（即《樂象》中所講的：「文采節奏，聲之飾也」）之後，有了美的形式，有了旋律、節奏，才能成為藝術，才能成為審美的「音」，進而加之舞蹈動作的表演，方可稱之為「樂」。

雖然，先前與「樂」相關的「詩言志」說，也包含了情感的表現，如《尚書・堯典》中的「詩言志」，《莊子・天下》篇的「《詩》以道志」；《左傳》襄公二十七年的「詩以言志」等，可那都是以表現「志向」、「抱負」或「載道」、「記事」為主要目的的。孔子在談到詩的社會功能時提出的「興、觀、群、怨」說，其中也看到了情感表現的作用，但他卻沒有明確講到情感與藝術的關係。直到荀子在《樂論》中才正面談到：「夫樂者，樂也，人情之所必不免也。」然而也沒有像《樂記》講得這樣明確、具體和合乎藝術的規律。所以我們說《樂記》對於音樂的產生及其心物關係的本質的分析，「音由心生，物感心動」，是中國先秦美學中最獨特的關於音樂藝術本質規律

6　嘽：喜樂貌，寬舒、迂緩。

7　發：興起、興旺，此處指聲音昂揚。散：粗疏、流暢。

8　粗：粗壯。厲：猛烈、嚴厲。

9　直：正直。廉：端方。

10　聲成文：文：《說文》：「文，錯畫也，象交文。」《易傳繫辭》：「物相雜，故曰文。」這裏「聲成文」是說，五聲交錯產生旋律、節奏組成了曲調。

的「物感說」。特別是其中關於音樂是情感的表現，藝術必須表現情感的觀點，對後世《詩大序》所謂的「情動於中而形於言」、「情發於聲」之說，陸機所謂的「佇中樞以玄覽，頤情志於典墳」的看法，以及孔穎達對「詩言志」的重新解釋「在己為情，情動為志，情志一也」等，都有著巨大而深遠的影響。

畫犬馬難，畫鬼魅易
——先秦美學中最早的藝術與現實的關係論

在《韓非子》《外儲說右上》篇和《十過》篇中，韓非[1]談到過音樂的功能，食器、祭器的工藝製作等。由於他強調「務本」，崇尚「功用」，反對文飾禮樂，認為「文害用」、「文害法」、「文害德」，因此對於美和藝術，他常常是從實用和功利的角度來加以闡釋，甚至是一概加以否定。不過，韓非的藝術理論並非全然如此。比如他在《外儲說左上》中講的「畫鬼容易畫狗難」的故事，就樸素地道出了一條藝術的基本規律，即包括繪畫在內的藝術，都是一種現實的反映。這一觀點，雖然有一定的片面性，但在當時乃至以後很長的時期之內，都為人們所認可。韓非是這樣講述的：

「客有為齊王畫者，齊王問曰：『畫孰[2]最難者？』曰：『犬馬最難。』『孰易者？』曰：『鬼魅最易。』夫犬馬，人所知也。

1　韓非（約前 280-前 233）戰國末期韓國思想家、政治家。曾學於荀子。其觀點保存於《韓非子》之中。他不僅繼承改造了老子的一些思想，還吸收了商鞅的「法」，申不害的「術」和慎到的「勢」，構成了他的刑名法術之學。他是當時宣導封建君主專制主義的重要代表。哲學上韓非主張「人定勝天」，反對天命論。政治上又強調「致霸王之業」。並認為「儒以文亂法，俠以武犯禁」。往往從強調「務本」，崇尚「功用」出發，來看待美和藝術，反對文飾禮樂。

2　孰：疑問代詞，相當於誰。或用於比較：哪一個，哪一樣。

旦暮罄於前[3]，不可類之（可後脫「不」字，應為「不可不類之」），故難。鬼魅無形者，不罄於前，故易之也。」（《外儲說左上》）

在韓非看來，「犬馬」代表的是現實中實有的事物，它們早晚都出現於人前，大家天天都看得到。畫它們有一個衡量畫得像不像的標準，所以難畫。而「鬼魅」代表的是現實中所沒有的事物，誰也沒有見過。畫得像不像沒有標準，故而就容易畫。

這段話表面上是客與齊王在談論繪畫的難易，但卻提出了繪畫與現實的關係問題。韓非的觀點是，藝術是客觀現實的反映。達‧芬奇說：「繪畫……是自然的合法的女兒」[4]；車爾尼雪夫斯基說：「再現生活是藝術的一般性格的特點，是它的本質」[5]。他們的觀點和韓非有相合之處。韓非的這一觀點並不全面，也有一定的局限性。但他肯定現實的第一性，藝術的第二性，卻是毋庸置疑的，也是十分可貴的。

這裏有一點需要說明。因為「犬馬」是現實中實有的事物，我們說徐悲鴻畫的馬是「犬馬」這一現實的反映，這很好理解。可是「鬼魅」在現實中是沒有的，怎麼說「鬼魅」之畫也是一種現實的反映呢？其實，問題並不複雜。「鬼魅」是畫家想像中的產物，而想像始終是與畫家的審美情趣、審美理想聯繫在一起的。任何藝術形象（包括「鬼魅」）的產生，都是藝術家按照接近、相似和對比等聯想規律，在想像中，經過加強或者削弱某些對象的特徵，或者移植、改變

3　旦暮罄於前：旦暮：早晚。罄：空、盡，此處作見、露解。句意謂早晚都暴露於人前，天天都看得見。
4　見意大利畫家達‧芬奇《論繪畫》中提出「繪畫是一門科學」的命題時所講的：「繪畫的確是一門科學，並且是自然的合法的女兒，因為它是從自然產生的。」
5　〔俄羅斯〕車爾尼雪夫斯基：《藝術與現實的審美關係》（1853 年）。

一定的形象而完成的。試想想，假若現實中沒有豬和猴子這樣的動物，《西遊記》中哪來豬八戒和孫悟空的形象？如果現實生活中沒有那些慈眉善目的人，壁畫中又哪來佛祖和觀音的畫像呢？所以說鬼魅、神怪，在一定意義上，都是現實的一種反映，只不過這種反映，是通過藝術家曲折的想像過程來加以實現的罷了。

這便是韓非「畫鬼容易畫狗難」的故事中，所展示的唯物主義「反映論」的要義。韓非的這一觀點出現之後，曾得到人們廣泛的認可。特別是由於他的觀點與先前的「鑄鼎象物」[6]重視形似的畫論一脈相承，而又有所發展，因而得到後人的贊許。《淮南子》和張衡的著作中，都曾引用過《韓非子》畫犬馬難畫鬼魅易的話。

然而毋庸諱言，韓非的這一理論也是有其片面性的。這主要表現在他所講的畫「鬼魅最易」方面。前面我們說過，所謂「鬼魅」的形象，不過是對現實生活的藝術想像和模擬的產物。一方面，這種藝術形象（包括「鬼魅」）的產生，是要按照相似、接近、對比等聯想規律，並經過曲折的想像活動才能完成的，這本身就已經很難了；另一方面，一個畫家沒有能力描繪現實中的物象，又怎麼有能力畫好鬼魅呢？這是顯而易見的道理。所以畫犬馬難，畫鬼魅也不易。再者，從中國的繪畫實踐來看，也是如此。比如吳道子是個大畫家，他畫的佛教題材《地獄變相圖》，鬼神形象那麼多，皆變狀陰怪，令觀者毛髮森立，世人皆稱譽之。其中的「鬼魅」就那麼容易畫嗎？答案當然是否定的。

6　鑄鼎象物：出自《左傳》宣公三年，王孫滿答楚子問鼎中的一段話：其中所謂的「象物」就是說鼎上的藝術形象，要符合現實中的真實的物形。這裏，「象」已涉及藝術與現實的關係。「象物」體現了真實地反映現實的審美認識的萌芽。韓非的「畫犬馬難」「不可不類之」的觀點，就是對「象物」之說的繼承和發展。

歐陽修說：「善言畫者，多云：鬼神易為工。以為畫以形似為難，鬼神人不見也。然其陰威慘澹，變化超騰，而窮奇極怪，使人見輒驚絕。及徐而定視，則千狀萬態，筆簡而意足，是不亦為難哉。」（《六一題跋》）這段話可以看做是對韓非觀點的反駁和修正。不過，由於韓非在中國先秦時期最早提出繪畫與現實的關係之論，其要在於強調藝術是現實的反映的觀點，確是為後來的現實主義繪畫創作起到了一定的奠基作用，同時，這一著重形似的理論，也對後來主張形神兼備的畫論，有著一定的啟示意義。這些，都是應當予以肯定的。

兩漢時期

文以舒憤
——中國美學史上第一個反常的、非中和的審美觀

　　自從公元前 774 年周太史史伯提出了「和實生物」、「聲一無聽」的以「和」為美的審美理念之後，中經伶州鳩、吳季札、晏嬰等人的繼承、闡釋和發揮，直到孔子對《關雎》作出「樂而不淫，哀而不傷」的評價，差不多整個的春秋時期，「和」與「中和」都成了人們審美認識上的一種普遍觀念。雖然《呂氏春秋‧音初》在談到音樂的產生時，也曾把夏后氏孔甲作《破斧之歌》[1]歸之於個人的不幸而有所怨的緣故，表現了一些非中和的看法，但是直到司馬遷[2]，才率先突出地提出了「文以舒憤」的反常的非中和的審美觀念，並把「蓋自怨生」與「舒其憤」看做是合理的，是一切「不朽作品」產生的基本

1　《破斧之歌》：見《呂氏春秋‧音初》。說的是夏后氏孔甲，一天在東陽萯山田獵，忽遇大風，昏天黑地什麼也看不清，於是他便走進一個老百姓家裏，正好主人生孩子。有人說：夏后來到這裏，是個好日子，這小孩有福氣；又有人說：他受不了這福氣，這小孩一定有災禍。夏后便抱上這個小孩回家，他說：「我把他做我的兒子，看誰還能給他災禍？」可是後來這小孩長大成人，一天他用斧子劈柴時，柴突然斷裂，斧子墜落砍斷了他的腳。他只好當了個守門的門官。孔甲曰：「嗚呼！有疾，命矣夫！」乃作為《破斧之歌》。這意思是說音樂的產生是來自於人的不幸遭遇，有一點「非中和」的「反常」的傾向。

2　司馬遷（約前 145-約前 93）：西漢史學家、文學家、思想家。字子長，夏陽（今陝西韓城南）人。早年遊蹤幾遍全國，到處考察風俗，採集傳說。初任郎中，元封三年（公元前 108 年）繼父職，任太史令。得盡讀史官所藏用書。後因替李陵辯解，得罪下獄，受宮刑。出獄後，任中書令，發憤繼續完成所著史書，人稱為《太史公書》，後名《史記》。《史記》是中國最早的一部通史，並開創了紀傳體史書的先例，由於其敘述人物、事件、語言生動、形象鮮明，因而無論其內容和形式對後世都有巨大而深遠的影響。

動力。這在中國美學史上的確具有劃時代的意義。

在《史記　太史公自序》中司馬遷說：「夫《詩》、《書》隱約者，欲遂其志之思也。昔西伯拘羑里，演《周易》[3]；孔子厄陳蔡[4]，作《春秋》；屈原放逐，著《離騷》；左丘失明，厥有《國語》[5]；孫子臏腳[6]，而論兵法；不韋遷蜀，世傳《呂覽》[7]；韓非囚秦，《說難》，《孤憤》[8]；《詩》三百篇，大抵賢聖發憤[9]之所為作也。此人皆意有所鬱結，不得通其道也，故述往事，思來者。」

這段話清楚地表明，在司馬遷心目中，歷史上的《詩經》、《周易》、《春秋》以及《離騷》等偉大的作品，大都是那些賢聖或志士仁人為了抒發心中憤懣而創作出來的，是他們「欲遂其志之思」的產物。因為他們的內心有所鬱結，不能實現自己的主張、理想，才追述往事，寄希望於來者。司馬遷在《報任安書》中再次講了與上文大體相同的話之後，又增加了幾句：「乃如左丘無目，孫子斷足，終不可用，退而論書策以舒其憤，思垂空文以自見。」這更加說明，所謂的「以舒其憤」和「發憤之所為作」，其實正是司馬遷反常的、非中和的審美觀念的核心和實質，是他對於文學創作的一種帶規律性的理解。同時這幾句話，也概括地道出了司馬遷在遭到奇恥大辱（宮刑）

3　西伯：即西伯侯，指文王姬昌。羑里：地名，今河南湯陰縣境內。演《周易》：演：引申其義而詳言之。文王因伏羲所畫八卦，發展為六十四卦，故曰演《周易》。
4　厄陳蔡：厄：困也。言孔子周遊列國時曾在陳、蔡之間被圍攻，又絕了口糧，處境很困難。
5　左丘：即左丘明。春秋時魯國的史官。厥，其也。《國語》：書名，傳為左丘明所著中國最早的國別體史書。
6　孫子：即孫臏，齊人，戰國時軍事家。臏腳：孫子因被魏將龐涓所嫉而受臏刑，大約是砍去雙腳，挖去膝蓋骨。兵法：指孫臏所著《孫子兵法》一書。
7　不韋：即呂不韋，秦相。被秦始皇遷之於四川後，著作了《呂覽》，亦即《呂氏春秋》。
8　韓非囚秦：韓非，戰國時韓國公子。喜形名法術之學，與李斯同學於荀子門下，李斯當權之後，恐韓非與之相爭，於是將他下獄，即囚於秦。《說難》、《孤憤》，《韓非子》中的兩篇。
9　發憤：憤、念怒。《字彙》：「憤，怒也。」發憤：抒發內心的憤懣。

之後，何以還能夠活下來，並能繼續完成《史記》的根本原因，那就是為了「以舒其憤」，為了「思垂空文以自見」（抒發內心的憤懣，使著作流傳後世，表明自己的見解）。

可見這信念是多麼的鮮明、堅定！這追求又是何等的執著、崇高！其中所展現的反抗意識和批判精神，既不同於儒家傳統的「溫柔敦厚」之教，又與「哀而不傷」的「中和」觀念截然對立。司馬遷之所以反覆談及「發憤」、「舒其憤」，其原因就在於他從根本上認為「憤」與「怨」一樣都是合理的，就像人「勞苦倦極，未嘗不呼天也；疾痛慘怛[10]，未嘗不呼父母也」那樣，完全是自然的，可以肯定的。所以當「屈平正道直行，竭忠盡智以事其君，讒人間之[11]，他怎能不為之大叫不平呢！「信而見疑，忠而被謗，能無怨乎？屈平之作《離騷》，蓋自怨生也。」

這就是司馬遷建立在對個體人格獨立性、正義性的充分肯定的思想基礎上的創作觀、審美觀。他強調「憤」與「怨」的共同點，也是要突出文學作品應具有揭露社會黑暗的批判功能。

司馬遷「文以舒憤」的提出並非偶然。這既同他生活的時代有關，也同他個人的經歷和遭遇分不開。簡言之，司馬遷的思想雖然以儒家為其主體，但又深受道家思想的影響。在《游俠列傳》中他直接引用莊子的名言「竊鉤者誅，竊國者侯」來批判其時的統治者，發洩自己內心的不平之憤。作為史官，他曾走遍大江南北，廣泛接觸、瞭

10 慘怛：憂傷、悲痛。
11 讒人間之：讒人：說別人壞話的小人，指上官大夫靳尚。是說上官大夫在懷王面前說屈原的壞話，挑撥離間懷王和屈原的關係。

解過各個階層的人物，並受到其時一些平民、游俠甚至是起義領袖人物思想的影響（這些在《陳涉世家》、《游俠列傳》中都已有表述）。因為給戰敗投降匈奴的李陵辯解，司馬遷惹怒了漢武帝而遭宮刑。這就使得司馬遷不僅對下層人民能夠產生深切的同情，使他的作品更加富有人民性、批判性，而且也使得他在歷史觀和審美觀上都有所突破。特別值得注意的是，「蓋自怨生」的《離騷》和屈原的思想、經歷對他的影響尤為關鍵。因為屈原的遭遇與司馬遷的遭遇有相同的不幸，最容易引起共鳴，而表現哀怨的《離騷》，無論是其形式，還是內容都顯示了一種反常的非中和的特徵，這又與司馬遷的觀點合拍。司馬遷能夠以不同於一般漢儒的立場觀點來總結歷史上文字著作的創作經驗，並得出著「文以舒憤」，不朽者皆為舒憤之作的反常的認識，其原因蓋亦受益於此。

總之，司馬遷的上述觀點，是中國美學史上第一個最突出的反常的非中和的創作觀、審美觀。它的出現，不但突破了儒家傳統的「中和」準則的思想束縛，擴展了文學創作的天地，同時由於「文以舒憤」在內涵上實際已超越了先前的「為憂造藝」[12]之說，因此所謂的「發憤」、「舒其憤」的「憤」，也就是「怒」，具有明顯的反抗性和批判性。並且正是司馬遷的這種反傳統的非中和的觀念，給那些追求真理、堅持正義、敢於揭露社會黑暗的作家、思想家們提供了一定的理論依據，使得著文以舒憤的創作觀，在中國古代審美觀念的發展中，能夠成為進步的主流傾向，其意義極其重大。

---

12 「為憂造藝」：屈原詩歌中表現的一種創作觀、審美觀。如《悲回風》中講的「⊠思心以為纕兮，編愁苦以為膺」。錢鍾書先生解釋說：「不平之善鳴，當哭之長歌，即『為纕』、『為膺』……因窩憂而造藝是矣。」（見《管錐編》第二冊，中華書局，1990 年，頁 615）「為憂造藝」，意謂藝術是排泄心中憂怨的產物。

不是嗎？從東漢王逸對屈原和《離騷》的高度評價，到唐代韓愈提出文章是「不得其平則鳴」的產物，是「鬱於中而泄於外」結果的說法[13]；從明清小說與大量戲劇取材於《史記》的現象，到現代魯迅先生的《且介亭雜文‧病後雜談之餘》所表現出來的那種「舒憤懣」的批判精神，以及郭沫若從《刺客列傳》中取材創作的優秀劇作《棠棣之花》；這其間包括陳子昂、李白、歐陽修等人的詩文，甚至也包括號稱「田園詩人」的陶淵明的「金剛怒目」式的一面[14]，追溯起來都無不直接、間接地受到過司馬遷上述思想的影響，這不是很能說明問題嗎？至於被人們稱之為「批判現實主義」的作家及其作品，受到司馬遷「文以舒憤」的影響則更是再明顯不過的事情。

---

13 引自韓愈《送孟東野序》。

14 「怒目金剛」式的一面：指陶淵明身上除了有「田園詩人」的一面，還有如《讀山海經》其十中的「精衛銜微木，將以填滄海。刑天舞干戚，猛志固常在」所表現出來的「金剛怒目」式的一面。參見魯迅《且介亭雜文二集》。

四十

清醴之美，始於耒耜
——兩漢時期樸素的美在勞動實踐的審美觀

　　《淮南子》[1]是一部思想內容極其豐富、龐雜的著作，在審美認識上主要傾向於道家的學說而又雜有儒、墨、法家的觀點。總體上它追求的是「無美無醜」的「玄同」境界，但有些看法上卻有自相矛盾之處。但這不排除在局部各別的問題上，《淮南子》有非常深刻甚至是獨到的見解。

　　如《說林訓》中說的：「清醴[2]之美，始於耒耜[3]，黼黻[4]之美，在於杼軸。」以及《叔真訓》所講的：「百圍之木，斬而為犧尊，鏤之刳，雜之以青黃，華藻縛鮮，龍蛇虎豹，曲成文章，然其斷在溝中。壹比犧尊溝中之斷，則美醜而間也[5]。」

　　這兩段話說明，物質產品之美是人使用工具進行勞動實踐的結

1　《淮南子》：又名《淮南鴻烈》，是漢高祖之孫劉安（前179-前122年）的門客共同編寫的一部著作。全書現存二十一篇。書中廣泛採納了儒、墨、法、陰陽五行各家的思想，但漢代高誘在其《敘目》中說：「其旨近老子，淡泊無為，蹈虛守靜，出入經道。」在審美認識上，內容極其豐富龐雜，缺乏完整的思想體系，且有不少相互矛盾牴牾之處，但它卻保留了豐富的古代美學思想資料，並有不少精闢的見解。

2　清醴：清酒。

3　耒耜：上古時期翻土的農具。耜以起土，耒為其柄。此處泛指農事。

4　黼黻：黑白交織的花紋為黼，青赤交織的花紋為黻。黼黻會用指彩色的衣服。

5　壹比句：犧尊：祭祀用的一種有雕飾的酒尊。句意謂拿溝中的木頭與上了色的鏤有龍蛇虎豹的藝術品——犧尊相比，那麼孰美孰醜就分得很清楚了。

果。用今天的話來說，就是勞動創造了美，或美在於勞動實踐。這裏說得很清楚：美味的清酒，是從耕田的耒耜開始的；色彩美麗的服飾，也是在織布機的梭子、滾筒上產生。而那個將「百圍之木」砍下來，經過鏤刻、著色造成的藝術品——華美的祭器「犧尊」，不也是人勞動創造的結果嗎？

《淮南子》在這裏對於美和人的勞動的關係，作出了最樸素的本質的闡述和論斷，在其時，這的確是非常可貴的。在這個問題上，莊子曾經通過「庖丁解牛」、「梓慶削木為鐻」等寓言故事，反映了類似的審美認識和見解，卻沒有形成正面的理論表述。而且他的這一思想也被「心齋」、「坐忘」、「自然無為」之說所淹沒。其後荀子在他的《性惡》篇中也談到過「陶人埏埴以為器，然則生於陶人之偽[6]」，可是他也只是意識到美同人對外物的改造製作活動有著密切的關係，而沒有看到人的實踐活動在美的產生中的根本的關鍵作用。可見《淮南子》在繼承莊、荀思想的基礎上，確實有了重大的突破和明顯的發揮。

尤其值得稱道的是，《淮南子》在看到美產生於人的勞動實踐的同時，並沒有認為勞動所創造的一切產品統統都是美的。美的真正的實現，還必須具有以下相關的前提條件才有可能。這就是：

一、必須遵循事物的自然的客觀規律，人的勞動才能達到各種的目的，才能有真正美的產品。《泰族訓》說得好：

---

6 陶人句：埏：以水和土。埴：黃黏土。偽：人為，指經過人的加工製造。句意是說陶工用黃黏土做成的陶器，那都是陶工勞動製造的產品。

「禹鑿龍門，闢伊闕，決江濬河，東注之海，因水之流也。后稷墾草發菑[7]，糞土樹穀，使五種各得其宜，因地之勢也。……夫物有以自然，而後人事有治也。故良匠不能斲金[8]，巧冶不能鑠木[9]，金之勢不可斷，而木之性不可鑠也。埏埴而為器，窬木而為舟[10]，鑠鐵而為刃，鑄金而為鐘，因其可也。駕馬服牛，令雞司夜，令狗守門，因其然也。」

這段話是說幹什麼事情都要「因其可」、「因其然」，即遵循其自然的規律，才能做得成，做得好。《說山訓》中也講道：

「針成幕，蕢成城[11]。事之成敗，必由小生，言有漸也（都有個發展的過程）。染者先青而後黑則可，先黑而後青則不可。工人下漆而上丹則可，下丹而上漆則不可。萬事猶此，所先後上下，不可不審。」

其道理也是這樣。都是講萬事萬物皆有其各自的內在規律，人們對此的確「不可不審」。

二、在勞動實踐中，雖然有規矩準繩可以憑藉，但是個人的天賦、天才，對於美的創造往往卻起著不可或缺的重要作用。《齊俗訓》中說：

「若夫規矩鈎繩者，此巧之具也，而非所以巧也。……若夫工匠

7　菑：開荒；頭一年的農田。
8　故良匠句：良匠：指優秀的木匠。斲：用刀斧砍削。句意謂優秀的木匠不能用刀斧去砍削青銅。
9　巧冶句：巧冶：指技藝高超的冶煉工人。鑠：銷熔、熔化。句意謂技藝高超的冶煉工人也不能把木頭熔化。
10　窬木而為舟：窬：門邊圭形小洞。《說文》：「穿木戶也。」此處指鑿木作船之意。
11　蕢成城：蕢：盛土的工具。全句是說一筐筐的土可以築成城牆。

之為連鐖運開[12]，陰閉眩錯[13]，入於冥冥之眇[14]，神調之極[15]，遊乎心手眾虛之間，而莫與物為際者[16]，父不能以教子。瞽師之放意相物[17]，寫神愈舞[18]，而形乎弦者[19]，兄不能以喻弟。今夫為平者準也，為直者繩也。若夫不在於繩準之中可以平直者，此不共之術也。」

作者說得很明白，勞動者使用的規矩準繩只是達到「巧」（高度自由的創造）的工具，而不是「巧」本身。要達到「巧」的境界，還有賴於藝術家進行創造性的勞動。特別是還講到，「準」、「繩」是做到平直的工具，大家用它都可以做到平、直的要求，然而「不在於繩準之中可以平直者」，這卻是一種「不共之術」，也就是說這不是人人都具有的本領。那究竟是什麼呢？是獨具的匠心，運用的巧妙，也就是個人的天賦、天才在藝術創造中所起到的獨特的作用。

三、高度藝術技巧的取得是非一朝一夕所能成就的，因此美的創造也必須經過長期的實踐才能產生，這正如俗話所說熟能生巧那樣。對此，《脩務訓》中曾反覆舉例說：

「今夫盲者目不能別晝夜，分黑白，然而搏琴撫弦，參彈復

---

12 連鐖：指弓弩上能連續發射的機關。運開：相通之意。
13 陰閉：獨處，不和別人接觸。錯：藏。眩錯：把散亂的視線收起來。
14 入於冥冥之眇：眇，通妙，精微、玄妙。句意是進入到深遠玄妙的境界。
15 神調之極：精神極度地和諧。
16 而莫與物為際者：承上言，思想集中在心手之間，因此在製作時，身心已擺脫了具體的事物，好像與物體毫無接觸一樣。
17 瞽：目盲。瞽師：樂師。古代樂官多為盲人為之，故稱樂官為瞽。放意：縱情、恣意。相物：觀察事物。
18 寫神：抒發表現自己的情思。愈：益，引申為興起。
19 形乎弦者：形：表現。即表現在弦上的東西。

徽[20]，攫援摽拂[21]，手若蔑蒙[22]，不失一弦。使未嘗鼓瑟者，雖有離朱之明，攫掇之捷[23]，猶不能屈伸其指，何則？服習積貫之所致。」

一個盲人，什麼也看不見，但撫弦彈琴，時而並弦發音，輕挑重捺；時而拂摽，快速如飛，不會錯按一根琴弦。但若讓一個從未摸過琴的人來彈琴，即便是他有離朱那樣好的眼力，攫掇那樣神速的動作，也不知如何擺弄他的手指。為什麼呢？是盲人長期不間斷練習所造成的。此外《脩務訓》中還講到其時的舞蹈和雜技。認為「鼓舞者」身體的柔軟，能做到「繞身若環，曾撓摩地[24]……」的程度，「木熙者」（爬高杆的雜技藝人）的體力（即「眇勁」）能在高杆上作出「龍夭矯，燕枝拘[25]……」等等讓人心驚肉跳的表演，他們並非生來就是如此，而是「淹浸漬漸靡使然[26]，亦即是經過長期學習、訓練的結果。

綜上所述，人們不難發現，《淮南子》「清醠之美，始於耒耜」的美在勞動實踐的審美觀，及其相關的前提條件之說，儘管在書中是零散的、實例性的，並沒有形成集中的系統論述，但就其相互之間的關係來看，實際上也都存在著一定的內在聯繫，是一種可以讓人感知、領會的樸素的審美理念。特別是它既承認在藝術創造中有一種無法傳授給每個人的「不共之術」（即個人的天賦、天才），同時又充分肯定後天長期實踐的重要作用，應當說是一種非常難得的唯物的見

---

20 參彈復徽：參彈：並弦，彈琴的一種手法。復徽：上下手，亦彈琴之一種手法。
21 攫援摽拂：攫：抓。援：引。摽：捶、擊。拂：放、掠擊。皆彈琴的指法。
22 蔑蒙：快速飛揚的樣子。
23 攫掇：傳說與離朱同為黃帝時人，以動作敏捷著稱。
24 繞身若環：身子轉動像車輪翻滾。曾撓摩地：指身體反覆彎曲，雙手摩地。
25 龍夭矯：像龍那樣在高杆上伸屈自如的樣子。燕枝拘：是說木熙者像飛燕停在樹枝上那樣輕盈。
26 淹：長久。浸漬：長期的練習。漸靡：逐漸熟練。靡，通糜，爛熟。

解。只不過當《淮南子》談到人應遵循事物的自然規律來進行勞動實踐的時候，由於歷史局限之故，沒能看到人還「知道怎樣把本身固有的標準運用到對象上來製造」，當然也就更不可能懂得「人還按照美的規律來製造」[27]的這一原理。

---

27 本段引文摘自朱光潛《〈手稿〉新譯片段》。

昌明文庫·悅讀文化　A0605005

中華美學選萃　上冊

作　　者	童汝勞
責任編輯	蔡雅如
發 行 人	陳滿銘
總 經 理	梁錦興
總 編 輯	陳滿銘
副總編輯	張晏瑞
編 輯 所	萬卷樓圖書股份有限公司
排　　版	菩薩蠻數位文化有限公司
印　　刷	百通科技股份有限公司
封面設計	菩薩蠻數位文化有限公司

出　　版　昌明文化有限公司

桃園市龜山區中原街 32 號

電話 (02)23216565

發　　行　萬卷樓圖書股份有限公司

臺北市羅斯福路二段 41 號 6 樓之 3

電話 (02)23216565

傳真 (02)23218698

電郵 SERVICE@WANJUAN.COM.TW

大陸經銷

廈門外圖臺灣書店有限公司

　　電郵 JKB188@188.COM

ISBN 978-986-496-003-3

2017 年 7 月初版

定價：新臺幣 280 元

如何購買本書：

1. 劃撥購書，請透過以下郵政劃撥帳號：

　　帳號：15624015

　　戶名：萬卷樓圖書股份有限公司

2. 轉帳購書，請透過以下帳戶

　　合作金庫銀行 古亭分行

　　戶名：萬卷樓圖書股份有限公司

　　帳號：0877717092596

3. 網路購書，請透過萬卷樓網站

　　網址 WWW.WANJUAN.COM.TW

大量購書，請直接聯繫我們，將有專人為您

服務。客服：(02)23216565 分機 10

如有缺頁、破損或裝訂錯誤，請寄回更換

國家圖書館出版品預行編目資料

中華美學選萃 / 童汝勞著.-- 初版.-- 桃園
市：昌明文化出版；臺北市：萬卷樓發行，
2017.07

　　冊；　　公分.-- (昌明文庫. 悅讀文化)

ISBN 978-986-496-003-3(上冊：平裝).--

1.中國美學史　2.文集

180.92　　　　　　　　　　106011185